ときめくイタリア紀行

食べて、旅して、恋をして

高橋文子
TAKAHASHI FUMIKO

幻冬舎MC

ときめくイタリア紀行

―食べて、旅して、恋をして―

目次

ITALY
Bra ブラ
Milano ミラノ
Verona ヴェローナ
Venezia ヴェネツィア
Torino トリノ
Mantova マントヴァ
Genova ジェノヴァ
Bologna ボローニャ
Sanremo サンレモ
Firenze フィレンツェ
Lucca ルッカ
Perugia ペルージャ
Cinque Terre チンクエ・テッレ
Assisi アッシジ
Alberobello アルベロベッロ
Pisa ピサ
Roma ローマ
Bari バーリ
Montecatini Terme モンテカティーニ・テルメ
Amalfi アマルフィ
Matera マテーラ
Palermo パレルモ

序章　ローマの流行作家
自信家たちのエピソード

超イケてる彼は何者？

ＣＡ（当時は「スチュワーデス」と呼ばれていました）時代の一時期、約六年間というもの、一年に何度もローマにフライトしたものです。私の勤め先だったパンアメリカン航空（パンナム）は、ＣＡ自身が好きな航路を選択できるという、大変恵まれた環境にありました。

その恩恵を利用して、私はたびたびニューヨークからローマへのフライトをチョイスしました。

70年代の初めのこと。ローマとニースの間をフライトした時のことでした。その飛行機には、カンヌ国際映画祭に出席するイタリア映画界の一行が乗っていました。有名な映画プロデューサーに率いられた面々でした。

その中に一人、飛び抜けてハンサムな男性がいたので、ＣＡの同僚たちは騒然としていました。何しろ、一行の中には映画スターもいるのですから、美男美女のグループであるのは当然なのですが、その中でも、私たちが興味を示した男性は、ピカイチのハンサムなのです。

当時のＣＡは二十代で若く、年頃といえる女性ばかりでした。素敵な乗客に出会えば、興味を持つし、ときめきます。そのとき、ファーストクラスの担当をしていたＣＡは、白人、黒人そして東洋人である私の三人でした。その三人の評価が、人種を超えてぴたりと一致したのも珍しいことです。乗客がハンサムか否かというのは、ＣＡの国籍の違いなどで、なかなか評価が一致することはないものです。それが三人とも迷うことなく一致したのです。

「どこから見ても素敵！　飲み物は私が持っていくわ」

「うわー、うっとりする……。彼、私を見て微笑んだわよ」

「ねえ、彼独身かしら？　誰かそれとなく聞いてみてよ……」

そんな会話が私たちの間で飛び交いました。そうしているうちに、エコノミークラスの担当ＣＡたちも、噂を聞きつけて、ファーストクラスに様子を見にやってきました。そして誰もが彼の美貌にめろめろということに……。何とかしてこのスーパー・ハンサム氏と会話を交わし、自分を印象付けたいと、CAたちは、あれやこれやと心を砕いているのでした。

白人CAは、モデル経験のある抜群の容姿の持ち主。黒人CAは、メリハリのあるボディが際立ってチャーミングです。堂々と闊歩する彼女たちと比べて、私は身長も低く、容姿にも自信がありません。こういうときに、私は腰が引けてくるのです。自分に対する評価が低いのは、日本人的人見知りがあるからかもしれません。私は彼に対して、急速に関心が薄れていくのが分かりました。

ところがハンサム氏、こともあろうに、そばを通りかかった私を呼び止めたのです。そして少し会話を交わした後に、ポケットから名刺を取り出しました。

「ねえ君、今度ローマにフライトするときには、ぜひ僕のところに電話してくれたまえ。いろいろ案内させてもらうよ」

私は渡された名刺を手にしたまま、茫然自失のごときありさまでした。やっと気を取り直して聞いたのは、我ながらあっぱれな質問でした。

「でも私が電話して、奥様が出られたら困るんじゃないかしら?」

「ふふふっ、その心配は無用だね。なぜなら僕は独身なんだ……」

彼は魅力的な眼差しで私を見つめたのでした。

初デートでも意外な申し出

当然のことながら、私は同僚ＣＡに取り囲まれ、質問攻めに遭うことになりました。

「まあ、あなたったら、うまいことやったわね。何を話しかけられたの？」

「まさか、あなた映画にスカウトされたんじゃないでしょうね？」

「えっ？　デートに誘われたんですって！　羨ましい！」

「一度でいいから、あんな素敵な人に、デートに誘われてみたいわ！」

「それにしても、どうしてフミコに声をかけたのかしら？　不思議だわ」

羨望、嫉妬など、いろいろな言葉の並みいる金髪美女を差し置いて、なぜ小柄でぱっとしない東洋人の私に声をかけたのか、その理由は私自身が知りたいくらいです。憶測はともかく、まぎれもなく、声をかけられたのは事実です。嬉しさの絶頂にある私には、同僚たちの恨みの声など、どこ吹く風です。

旅慣れたプレイボーイの中には、空の楽しみはＣＡを口説くこと、などとうそぶく人もいます。確かに私のような小柄で冴えないＣＡでも、デートの誘いはよくあるのです。それでも、こちらにも選ぶ権利はあるので、受け取った名刺を破って、屑箱に捨てたことは何度も。ぜひもう一度会いたいと思う人は滅多にいないのです。

しかし、イタリアの映画関係者のハンサム氏には、引っ込み思案の私も、すっかりその気にさせられてしまいました。私の心を虜にしてしまったのですから。

ニューヨークに戻るとすぐに、私のローマ行きのスケジュールを知らせる手紙を書きました。


折り返し彼から返事がきました。

「あなたが到着する日は、すべての約束をキャンセルしてお待ちしています」

何という嬉しい言葉でしょう。私は夢を見ている気分でした。

彼のことを調べてみると、著名なシナリオライターでした。イタリアでは、マカロニ・ウエスタンシリーズで数々のヒット作を発表していました。ハリウッド映画のシナリオも手掛けており、世界的にも知られる、いわば人気作家ということです。

そんな彼がすべての約束をキャンセルして、私とデートしようとしている……。とても信じることのできない幸運のように思えました。

待ちに待った日がきました。まさに心は宙に浮いているようで、足が地につかない感じです。もっとも、私は飛行機に乗っているのですから、どう頑張っても地に足はつかないのですが……。

私が約束の時間にロビーに降り立った時、すでに彼は私を待っていました。気品のある顔に満面の笑みをたたえ、両手を広げて私を歓迎してくれました。

ホテルを出ると、彼はマセラティを運転し、向かった先は高級レストラン。最高級のイタリア料理なのに、私は味もよく分からないほど舞い上がっていました。

そして食事の後は、ローマの高級ナイトクラブでの語らいの時間が待っていました。私たちは、ロマンチックなカンツォーネが流れるナイトクラブの、柔らかいクッションの椅子にくつろぎました。

その時点から、打ち解けて楽しい恋人同士の語らいが始まるものと、私は内心期待していたのですが、彼から突きつけられた言葉は、私にとって唖然とするものでした。

「僕との結婚の可能性については、全く考えないでくれたまえ。付き合いを始めると、女性は誰でも結婚したいと言い出すので手を焼くんだよ……。君にも初めにはっきり断っておいたほうがいいと思ってね……」

初めてのデート、それもこんなにロマンチックなムードの場所で、いったい何を言い出すのかと、驚いて私が彼の顔をうかがうと、彼は大真面目に言葉を続けるのでした。

「僕は作家だからね……。一生夢を追い続けるのが仕事みたいなものだ。結婚してしまうと想像力が枯れてしまう。しかし僕は子供だけは欲しい。僕の優れたヴェネツィア人の血を受け継ぐ子供を、この世に残したいのだよ」

「……それは、考え方としては、とっても素晴らしいかも」

私は精一杯の皮肉を込めて言いました。ところがこの大作家にはそれが通じなかったようで、私の言葉に笑顔でうなずきました。

「それで初めて君を機内で見たときひらめいた。日本人とイタリア人の血を受け継ぐ子供を残したいとね。つまり、日本人とイタリア人の混血なら、これは優秀な子供が生まれるに違いないと考えたわけさ。自分のように、天才的な子供が欲しいんだ。君は僕の考えに賛同するかね？」

この凄まじいほどの自信に、ただただ圧倒されて、いっぺんに夢から覚めた私は、あきれ、やがておかしくなって、はしたないと思えるほど、大きな声で笑ってしまいました。それからもっともらしく、かつ神妙な顔をして、この前代未聞の奇妙な申し出を断りました。

「素晴らしいアイデアだと思います。また私を選んでいただいたことに感謝します。でも、あなたの天才的な血を受け継いだ子供を産むためには、私は未熟すぎるし、まるで自信がありませんので、あなたの申し出を断らせていただきます」

さすがに彼は、超ハンサムなプレイボーイらしく、「それは残念！」と言って首をすくめただけで、未練を残すことなくその話は打ち切りにし、その夜は楽しく語って飲んで、別れました。

私も変な提案にすっかり白けてしまい、彼に対して燃えていた慕情は、跡形もなく消え失せてしまいました。

しかしそれ以来、彼とは色恋抜きの本当の友達になり、ローマへ行くたびに、映画界の人脈を紹介してくれました。彼のおかげで、イタリア映画界のパーティやイベントなどに参加させてもらい、著名なスターやスタッフと充実した時間を過ごす機会を得たのです。

ナルシストたちのエピソード

彼―ルチアノ（仮名）―を介して初めて覗き見ることができた、世界の映画界の裏側は、なかなか興味深いものでした。

ローマの夏といえば、イタリアのスターたちとハリウッドなどの一流映画関係者が集い、きらびやかな社交場へと一変します。私も彼の計らいで、いろいろな大スターとの面識を得ましたが、どのスターたちも、多くの場合、スクリーンで感じた人間像とは大きく違っていました。これは、別に驚くことではないのです。スクリーン上の彼らは、あくまでも虚構の人間の役を演じているのですから。

そんな中で、人気女優のMだけは、スクリーンの中と変わらない笑顔で、魅力的な言葉を発していました。巷の噂では、妻子ある男性を愛し続け、独身を貫いているということです。その噂は本当ではないかと思いました。彼女の部屋で開かれたパーティに私も招かれ、まぢかに表情を観察したのですが、時折ふと見せる寂しそうな眼差しは、成就することのない愛に生きている、揺れる女心を垣間見せているのでは、と私は勝手に想像したものです。

Mは、このパーティの部外者と言っていい私にも、よく声をかけてくれました。そんな彼女の心遣いは、人間関係を大事にする苦労人という感じでした。

私が、多くのスターと知り合いになって感じたことは、彼らは徹底したナルシストだということです。もっとも、それが役者というものの姿なのかもしれません。己の姿に酔いしれてこそ、役者は観客も酔わせることができるということかも……。

同じくナルシストであるルチアノの紹介で、二人の有名なスターと食事をしたことがあります。相手は人気絶頂だったFと、別の人気俳優Aの別れた妻、Nです。

Ｆは自分の美貌を餌に金持ちの女性を次々とカモにする、という性癖がありました。ルチアノは、そのことを知っていて、作家らしい好奇心といたずら心でＦに「この方は、日本の財閥の令嬢フミコ・ホンダです。今日、あなたに会えることを楽しみだとおっしゃって、招待をお受けいただきました」と私を紹介したのです。

何の打ち合わせもない、ぶっつけ本番のいたずらですから、私はびっくり。目を白黒させて苦笑したのですが、そんな私を、令嬢の照れた仕草と誤解したＦは、すっかりその気になってしまったのです。

ホンダといえば、欧米にもその名が知られた、オートバイや車のホンダであることは言うまでもありません。ルチアノは私をあろうことか、本田技研の令嬢として紹介したのです。イタリア人のＦの心にも、「ホンダ」は輝かしい名前として刻まれていたのは当然です。

ルチアノのいたずらを真に受けたＦは、それまでの気取った、尊大ぶった態度を急に改めて、満面に愛想笑いを浮かべて語りかけてきました。

「自分のプロマイドを、ミス・ホンダに進呈したい。受け取っていただけますか？」

「ご厚意は感謝しますが、私にはプロマイドを集める趣味がありませんので辞退いたします」

私は軽く会釈しました。

「それは不思議なことだ。日本の女性は僕のプロマイドを、みんな喜んで受け取ってくれるのですよ。プロマイドが売り切れでなかなか手に入らないのですからね」

彼はまさかのリアクションに、ちょっぴり悔しそうな表情を浮かべて言いました。

するとそれまで黙っていたNが口をはさみました。

「あら、それは間違っているわ。日本で一番人気があるのはAよ」

当時、すでにAとは離婚していたNですが、さすがに日本での元夫の人気については消息通のようでした。

自他ともにプレイボーイと認めるFは、典型的なイタリア人男性で、強烈なナルシストでした。どこへ行っても、きょろきょろ周りの視線を気にしていて、落ち着きがありません。同席していても、周辺からの視線がある限り、心ここにあらずで、こちらの話も上の空。いつも世間から注目されていることが生きがいで、スクリーンで見せる凛々しい男性的な姿とは、似ても似つかないのです。

Fは、マカロニ・ウエスタンで活躍し、のちに共演した女優との間に、息子が生まれています。ちなみにその女優は、アカデミー賞などを受賞した大女優です。二人はその四十年後に正式に結婚し、再び共演したことで話題となりました。

銀幕のスターたちと直接会うのは、イメージダウンのことが多く、やはりスターたちとは、スクリーンでお目にかかるのが一番です。

しかし、中にはスクリーンの虚像よりも、現実の人間のほうが、魅力的で優れている人もいます。喜劇俳優のJはそんな一人でした。

ローマにある豪華なイタリア料理のレストランの大テーブルで、映画関係者と十数人で食事をしたことがあります。私はもともとJのファンで、会うのを楽しみにしていました。

Jが出演した、私の最も好きな映画の一つを手掛けた映画監督も同席していたと記憶しています。

Jは、映画ではいつもコミカルな役ばかりでしたので、人間的にも面白い人だと思っていたのですが、素顔の彼は物静かで、一座の中ではいつも聞き役に徹していました。

しかもとても紳士的で、柔和な微笑を絶やしません。同伴していた夫人もまた控えめで、物静かな女性でした。ハリウッドスターとして、世界の注目を集めている人の中にも、こんな地味な人がいるのかと驚きました。

その当時は70年代の初頭でしたが、夏のローマを訪れるハリウッドの映画関係者は、とても多かったのです。観光と撮影の仕事の両方を兼ねていたのでしょう。世界中の映画関係者が次々とローマを訪れるので、ルチアノは接待やら案内やらで、東西奔放の忙しさ。

たまたま私がローマに行ったときに電話をすると、「悪いけど、今日も映画スターの○○と食事の予定なんだ。君にも同席してもらうことになるんだけど」と恐縮しながら言いました。

私が同意すると、彼は多忙にもかかわらず、マセラティを飛ばして迎えに来てくれたものです。

ルチアノとの関係を、周囲の人にいろいろ誤解されましたが、彼から提案されて奇妙な関係を断ったあの初デートの日から、私たちは、男女の関係を超越した、さっぱりした友情で結ばれていました。仮に、ルチアノと深い関係になっていたら、とてもあのように、いろいろな人脈を紹介してもらえるような状況にはならなかったでしょう。

彼はもともと人付き合いのよい性格で、作家で独身という立場から映画全盛時代の当時のローマで、世界のスターたちや、映画界の重鎮の案内役を買って出ていたようです。本来なら、私のことなど構っていられないほど多忙な毎日を送っていました。

また、当時の日本は16パーセントという驚異の経済成長率を誇っており、先進国の先頭を走っていました。強いものや優れたものに傾倒しやすいルチアノは、日本人に大きな関心を寄せていました。そんなことが、日本人である私を大切にしてくれた理由だったのではないかと思います。

1 イタリアと私の出会い
―ハワイからニューヨークへ―

パンナムの日本人ＣＡ第二期生として最初に配属されたのは、ハワイでした。そこに三年ほど住んだ後、私はニューヨークにトランスファー（移籍）しました。この移籍が、私のイタリア熱に火をつけることになります。

移籍の理由は、持ち前の、未知のものにチャレンジしたいという単なる好奇心。ルームメイトも次々に結婚し、私は一人になっていました。どうせ一人暮らしするのなら、本社のあるニューヨークに住んでみようと思ったのです。

学生時代に観た映画、ケーリー・グラントとデボラ・カー主演の『めぐり逢い』のワンシーン、それはマンハッタンの夜景の美しさでした。あの一コマが頭の中に残っていたことも、少なからず私の好奇心を刺激したのは事実です。映画の感動に酔い、

〈私もいつか、あの大都会に住んでみよう〉と考えたのです。何の知識もない当時の私にとってニューヨークは夢と憧れの街でした。

１９７０年６月、七つのスーツケースを携えて、深夜のジョン・Ｆ・ケネディ空港に降り立ったのでした。飛ぶことは商売なので、一人旅でも何のプレッシャーもありませんが、降り立ったのは、誰も知り合いのないニューヨークです。じわっと心細さが広がってくるのを覚えました。もちろん出迎える人とてありません。

その晩はひとまず空港近くのホテルに一泊しました。翌日、簡単に手頃なアパートが見つかるものと楽観していたのですが、そうは簡単に事が運ばないのがニューヨーク。仕方なく、マンハッタンの大通りに面したホテルに腰を落ち着けてから、アパート探しをする羽目になりました。

ホテル住まいは足場はいいものの、一晩中車の騒音に悩まされ、部屋探しの苦労と重なって、たちまち疲労困憊の状態。結局、二週間経っても手頃な物件に出会えず、やっとのことで、会社の掲示板に張り出されていた空港行きのターミナルバスの路線に近いアパートに落ち着きました。

私がニューヨークで暮らし始めた数年間は、泥沼化したベトナム戦争の陰湿なエネルギーが醸し出す苛立ち、退廃、自暴自棄といった現象があふれていました。犯罪やけんかなど日常的で、銃声もしばしば耳にしました。

そんなニューヨークも住めば都ということでしょうか。徐々に暮らしやすい便利な街であることに気づき始めたのです。ショッピング、映画、オペラと見所も多く、活気にあふれている街でした。四十数年前マンハッタンには、すでに日本料理店が何百軒とありました。

ニューヨークベースからは、ヨーロッパ、アフリカ、南米、カリブ海の島々など、ほぼ世界中の諸都市に飛ぶことができます。私は、このニューヨークのベースから何度もローマに飛んだおかげで、イタリアの素晴らしさに開眼することになるわけで、そう考えると、イタリアが大好きになったのは、ニューヨークのお陰といえるかもしれません。

何しろ長い間憧れていたマンハッタンに失望して、ホームシックとメランコリックな気分に落ち込んでいるとき、ローマ行きのフライトに乗務したことが縁となり、すっかり魅了されてしまったのです。

ニューヨークの殺風景なビル街、騒々しい街路、汚い地下鉄、街ですれ違う人たちも冷酷で不愛想に見えました。タクシーに乗っても、運転手とは金網越しにやり取りします。私はすっかり怖気づいてしまったのです。

そんなある日、私はローマ行きのフライトに乗務しました。ニューヨークの暗く殺風景なビル街に比べると、チョコレート色に輝く明るいローマの街並みが何と美しく見えたことか。空港から市内までの一時間ほどの間、私はリムジンバスの車窓から見えるローマの暖色系でゆったりくつろげる風景に癒されました。

いさかい、怒鳴り合いが日常的な大都会からローマに飛んでくると、まるで楽園に降り立った解放感に包まれたものです。

道端のカフェで、カプチーノを飲みながら新聞を読んでいる物静かな老紳士。満面の笑顔でハグしながら挨拶を交わしている男性たち。身振り手振りのオーバーなジェスチャーで話し込んでいる人々……。どの人たちも底抜けに明るく開放的です。誰もが生活を楽しんでいることが分かります。タイムトンネルを潜り抜け、まるで別の世界に迷い込んだような錯覚すら覚えました。

イタリアへ行くと、私のホームシックは完全に癒されました。その頃、ホームシックのあまりアラスカのフェアバンクス経由で、東京に飛ぶコースをチョイスすることが多かったのですが、イタリアの素晴らしさに傾倒して以来、もっぱらイタリアにフライトするようになりました。それから何十年というもの、イタリアの魅力に取りつかれたままなのです。

日本は昨今、イタリア・ブームといわれています。イタリア旅行を思い立って、成田から飛行機に乗ると、若い人たちでいっぱいです。

修学旅行で、イタリアを選ぶ学校も多いそうです。

グルメ、ショッピング、遺跡と、見所もいっぱいなのだから、若者に人気が出るのも当然でしょう。

私のイタリア開眼は、ニューヨークに対する反感の裏返しだったのですが、そんな理由がなくても、いずれきっと好きになったに違いありません。

当時、大西洋横断飛行は、ほとんどが夜行便だったため、到着後はぐったりし、空港からホテルバスに揺られているうちに、引きずり込まれるように居眠りしてしまうのです。ところがローマだけは別でした。バスが待ちに入ると、寝不足でぼんやりした頭が生き生きとしてくるのです。ホテルにチェックインしても、寝るのが惜しくなり、まず一歩、街に踏み出したくなります。時差ボケですっきりしないときでも、一歩ローマの街に入ると、不思議なことに、たちまち心はウキウキ、ルンルン気分に……。新しいページのスタートです。

2
60年代のイタリア
―地上の楽園　サンレモ―

青春の始まりはサンレモから

私が初めてイタリアの土を踏んだのは60年代の後半で、半世紀以上も昔にさかのぼります。当時、私は青春の真っただ中にいました。その頃は、外国の航空会社のＣＡであり、イタリア旅行は、入社して初めての休暇を取ったとき。日本の実家に里帰りしたのですが、すぐさま姉を誘って海外に飛び出しました。

スタートは東京で、香港、バンコク、フランクフルト、ロンドンと、世界一周航路を周り、その後、ロンドンからパリ、ローマ、リスボンと、一ヵ月かけて観光しました。

鉄道も利用し、パリを起点にニース、カンヌ、モナコ、サンレモにも足を延ばしました。地中海沿岸の美しさに圧倒され、サンレモがイタリアに含まれていることを見過ごしていました。その頃の私は、国際線CAといっても、まだほんの卵であり、世界の隅まで知っているというわけではありません。あの旅以来、ローマをはじめイタリアには百回近く足を運んでいるのですが、私が最初にイタリアに足を踏み入れたのはサンレモでした。今でこそ日本でも、サンレモといえば「サンレモ音楽祭」で知られていますが、私が訪ねた頃のサンレモは、それほど有名な街ではありませんでした。

四十年以上前の昔になりますが、あのときの紺碧の空と海、髪をそよがせて吹き抜ける風の心地よさは、今も感覚の中によみがえってきます。夏の盛りで、陽光は容赦なく照り付けるのですが、湿度は低く、木陰に入れば涼しかったことなど……。

夕方、高台にあるカステッロ広場から見下ろした街の全景の美しいこと。まさに筆舌に尽くせないとはこのことです。

「地上の楽園って、こんな感じかしら？」

口数の少ない姉は、うっとりとしたように呟きました。眼下に広がる街は、一面夕焼けに染まっていました。その頃の日本は、高度成長の波に乗り、東京は煤煙や排気ガスが蔓延していました、汚れた大都会を逃れて、私たちは地上の楽園にたどり着いたのだという感慨が、姉の口調には込められていました。

姉とサンレモの地を踏んで以来、私はずっとイタリアに魅せられ、それ以後、頻繁に訪ねることになります。

私はやがて、ハワイのホノルルからニューヨークベースに移籍しました。ニューヨークから、ローマ―テヘラン―ローマ―ニューヨークという一週間のフライトが、月に二回組み込まれていて、このラインを選ぶと、ローマに四日間のステイになります。私はニューヨークベースで六年半も飛んだのですから、イタリアは第二の故郷といってよいほど、愛着のある国なのです。パンナムでは、CAが好きな航路を選んで飛ぶことができたので、私は多くの場合、ローマ航路をビッドしました。

ホノルルをベースに飛んでいた頃はほぼ毎月東京に飛んでいたのが、ニューヨークに移籍してからは数ヵ月に一回くらいになりました。

「イタリアに好きな人でもいるの？」と聞く母に、私は笑って否定しましたが、正直言って、イタリアがなぜ私を虜にしたのか、明確な説明をするのは難しいのです。確かにグルメもショッピングも私の好みにぴったりで、いつも満足させてくれました。そしてセピア色の街並みも私の気持ちを落ち着かせてくれました。そして、そこに住む人々も気さくで親しみやすく、私の気に入るところとなりました。

１９６８年頃のイタリアでは、日本人はまだ珍しく、ローマ、フィレンツェ、ヴェネツィアといった観光地以外では、東洋人の顔を見ることは稀でした。滅多に日本人に会わないイタリアは、私にとって孤独を感じると同時に、開放感を満喫できる異国でもありました。

60年代の異国ですれ違った日本人観光客

姉と一緒だった最初のローマで、私たちは数少ない日本人観光客の一人と出会いました。ヴェネト通りのカフェでカプチーノを飲んでいる私たちに、若い男の人が気さくに話しかけてきたのです。

「君たち日本人？」

東京を出発して以来、どこへ行っても異国の言葉に囲まれていた私たちは、久しぶりの日本語に、ふと懐かしさを感じ、その青年に愛想よく笑顔で応対しました。

60年代には、海外で日本人に会うと、よく挨拶を交わしたものです。異国で出会った数少ない同胞という意識を強く感じたからです。それだけ外国旅行は、当時の日本人にとって貴重な体験だったのでしょう。その後、70年代に入ると大量輸送時代になり、どこの国へ行っても日本人観光客があふれるようになりました。そうなると、冷たいもので、日本人同士がお互いを無視するようになりました。

私が姉と旅行したのは、海外旅行が貴重な時代でした。まだジャンボ機が就航する前で、パック旅行もなかった時代です。海外旅行は一般庶民には負担が大きく、誰でもすぐに出かけられるというものではありませんでした。したがって、日本人観光客と異国で出会うことは、滅多にないことでした。その青年もきっと、遠い異国で出会った懐かしさのために、話しかけてきたのでしょう。

彼の自己紹介によれば、青年は医師で父親と一緒にヨーロッパを旅行中とのことでした。彼らはローマのグランドホテルに宿泊していました。私たちの宿泊しているメトロポールより数段格が上の高級ホテルです。

彼と話している最中に、私たちの横を、女優のブリジット・バルドーが通り過ぎました。彼女はちょうどカフェから出ていくところでした。

「バルドーだ！」

小さく叫ぶと、青年医師はいきなり立ち上がりました。彼は素早くカバンからサイン帳らしきものを取り出すと、脱兎のごとくバルドーを追いかけていきました。

「まあっ……」姉はあきれたように小さく叫びました。私も、彼の行動力と度胸のよさには驚いていましたが、すぐに彼は戻ってきました。どうやらサインはもらえなかったようです。おやつをもらい損ねた子供のように、不満げな表情で、

「サインしてくれなかったよ……。はるばる日本から来ているファンに対して失礼だよ。まったく……」

彼はムキになって、私たちに不満をぶつけます。しかし、当時のブリジット・バルドーといえば、飛ぶ鳥を落とす勢いの、世界に知られた大スターで、いちいちサインに応じていたら、体がいくつあっても足りないくらい。サインは断られて当然でした。第一、欧米では、公私の区別がはっきりしていて、相手がプライベートのときは、その立場を尊重するのが礼儀なのです。

しかし、日本の職場できっと「先生、先生」とちやほやされ、小さいときから金持ちのお坊ちゃんで育てられた青年医師は、相当な自信家であり、思い通りにならない現実に、腹が立ったのかもしれません。

口ぶりでは、ヨーロッパの至る所で、ブランド物をあさる大名旅行を続けていたようです。それを裏付けるように、彼の高級品に対する知識は相当なものでした。

「あなたたち、せっかくローマに来て、何も買っていないの？　日本で買ったら何倍もするのになあ……」

彼は外国旅行をしている私たちを、自分と同列の階級と思い込んでいるようでした。まさかパンナム社員とその家族に支給される、フリーチケットで旅行していたとは思いもよらなかったことでしょう。

世界各国、どこへ行っても日本人の何人かとは出会いましたが、ほとんどが世界に点在していた日本企業の社員でした。しかしさすがにローマは世界屈指の観光地。当時出会う日本人といえば、かなりハイクラスの人が多かったようです。

3 世界遺産の斜塔に登る
―ピサ―

螺旋階段で頭もグルグル

ピサ市を訪れ、初めて斜塔に登ったのは１９７１年。ある男性とイタリアのドライブ旅行中に立ち寄ったのです。ピサ市はフィレンツェから車で一時間ほどの場所にあります。私が訪ねたときは観光客が少なく、広場から斜塔に向かって歩いていくと、時折、修学旅行らしき少年少女たちに出会いました。季節は春真っ盛り。みんな愛くるしく、明るい笑顔に輝き、あちこちで、愛用のカメラを向けて記念撮影をしていました。

傾いた建物は写真の被写体として最高です。いろいろな角度から異なった写真が撮れるので、ここで写真を撮る人が多いのです。当然ながら、斜塔は何度も目にしたものの、実物は写真で見た以上に傾いているように感じました。

塔が傾いた理由は、地盤の土質が不均衡だったためといわれています。南側の土質が相対的に柔らかく、年月が経つうちに塔は傾き始めたということ。傾きを修正しながらの工事のため、工期も長くかかりました。しかし完全な修正には至らず、傾いたまま塔は完成しました。最上階のみ垂直に建てられています。

当初の計画では、現在の塔よりはるかに高い鐘楼ができる予定だったけれども、塔の傾斜を修正しきれなかったため、現在の斜塔が出来上がったわけです。皮肉にも、その不完全さゆえに「ピサの斜塔」と呼ばれて、世界屈指の観光スポットとしての名声を博することになりました。

斜塔の鐘楼には297段の階段があります。フィレンツェのジョットの鐘楼は444段もありそれよりずいぶん少ないのですが、斜塔の階段を上っている最中に、私はひどいめまいを感じました。頭がクラクラするのです。少しずつ気分も悪くなってきました。引き返したいと思いましたが、登ってくる人がいるので、それもできません。

周りの人たちを見ると、楽しそうに談笑しながら余裕たっぷりです。どうして私だけが……。下を見て、さらに目が回ってはいけないと思い、一歩一歩前だけを見ながらゆっくり歩き続けました。

同行の彼も、私が気分が悪くなったことに気がついたようで、いろいろといたわってくれましたが、私はできるだけ平静を装って登っていきました。

「顔色が悪いようだけど……、どうしたの？」

気遣うように私に視線を向けて尋ねます。

「なんだか分からないけど、下のほうを見たら目が回って」と答えましたが、自分でもどうしてそうなったのか、さっぱり分かりません。

「いつも空を飛んでいるから、高所恐怖症はないと思ったけど」

彼は心配そうな面持ちで言ってくれますが、もちろんそれはありません。やはり斜塔であることが、微妙に関係しているのかもしれません。というのは斜塔の頂上に着いた途端に、すっきりして気分がよくなったのです。頂上だけは垂直になっていたのです。

私が最初にピサの斜塔を訪ねた頃は沈下が最も進み、傾斜も大きくなっていたらしいのです。その後1990年、イタリア政府は安全上の配慮から、斜塔の公開を中止しました。

傾斜角を是正するために大掛かりな改修工事が行われ、その工事は約十年間続きました。そして2001年に再び公開される運びとなりました。

再び訪れたピサの斜塔

私がピサの斜塔を二度目に訪れたのは、再開されてから数年後のこと。一度目は私がまだ独身で現役のCAとして飛んでいた頃でしたが、二度目はそれから三十数年後で、成長した娘が一緒でした。そのときには、初めてのときよりも観光客が大幅に増え、たくさんの人波が塔に向かって歩いていました。

娘は写真が趣味で、玄人はだしのアマチュアカメラマン。ピサの斜塔にすっかりはまっています。母親の私に「手を伸ばして」とか「もっとこっちに顔を向けて！」などと、あれこれ指図しては、私をモデルに奮闘して飽きることがありません。なかなか塔にたどり着かないのです。

この日のスケジュールは、斜塔を見学した後、次の目的地に向かうため、期間が刻一刻と過ぎていきます。

「少し急がないと」と促して斜塔に向かいました。昔来た時と比べ物にならないほどの混みようです。世界中から人が押し寄せているのが、あちこちから聞こえる異なった言語で交わし合う言葉で分かります。

塔の内部に入るのにも並ばなくてはならず、登る人数も昔と比べて、激増していました。不思議なことに今回は、前回のようなめまいは全くなく、傾斜が緩和されたのかと錯覚するほど。とにかく頂上からの眺めは絶景です。夜、ここから見上げる空はどんなものか。宇宙空間で眺めるプラネタリウムのようなのでは……。

人が高みを目指すのは、本能なのかもしれません。

斜塔の建設は１１７３年に始まり、工事は延々と続けられました。建設途上で地盤が沈下したにもかかわらず、１３７２年に完成しました。以来、六百年以上の時間が過ぎ去ろうとしています。まさに中世の歴史をそのまま身に付けた大理石の建造物は、イタリアの悠久の歴史を私たちに示してくれます。

ピサという街そのものが、ルネッサンス発祥の地として由緒ある場所なのです。15世紀に創設されたピサ大学にはガリレオ・ガリレイが学び、かつ教鞭をとったことでも有名です。この街には、大聖堂、洗礼堂、納骨堂と、世界遺産が四つもあるのです。

4 幸運にも『最後の晩餐』を観賞
—ミラノあれこれ—

ローマほどではないけれど、ミラノにも結構足を運んでいます。

最初にミラノを訪れたとき、ミラノ中央駅の近くのホテルに泊まったのですが、何となくもの悲しい気分になったのを覚えています。窓の外からドゥオーモ広場が見えましたが、どういうわけか、とても気が滅入ったのです。ドゥオーモ（大聖堂）といえば、華々しく荘厳なミラノの象徴的建造物であり、街の中心部にある観光拠点です。それなのに私の第一印象が暗かったのは、ミラノのその日の天候が薄曇りで、四月というのに寒々としていたことに原因がありそうです。その日、街を歩く人もうつむきがちで、どことなく寡黙でもの悲しげでした。道行く人の誰もが、孤独な人たちという印象がありました。

そう感じたのは、その頃、私の年齢が若く、賑やかなものや晴れがましいものに心を引かれていたためかもしれません。イタリアに対し、私は饒舌《じょうぜつ》で陽気な人々や、眩しい陽光といったものを、一方的に期待していたのかもしれません。

ローマで行き交った人たちは、誰もが楽しそうに抱き合ったり、身振り手振りがオーバーなおしゃべりをしていました。

ミラノに旅装を解いて、打ち沈んだような寂しい風景に接したとき「これは、私の愛するイタリアではない……」と感じたのです。

ところがそんなミラノの第一印象が一変したのは、1999年の2月、ポルトガルの帰途に立ち寄ったときでした。

海外旅行、特にイタリアの一人旅は、最初の三日間ほどは出発前に日本で予約を取っておいて、その後のホテルは現地で行き当たりばったりで取るというのが私の流儀。気まぐれな私は、突然コースの予定を変更したりするからです。

今回ミラノに立ち寄った最大の目的は、今まで見損ねていたダ・ヴィンチの『最後の晩餐』を観ることでした。

日本の女子学生のタクシーに同乗

ミラノでは今まで、ドゥオーモとスカラ座くらいしか見学していません。この二つを体験しただけで私は満足していました。

ドゥオーモは、イタリアの中にある多数のゴシック建築の中でも最高傑作といわれている大聖堂です。完成までに五百年という気の遠くなるような歳月をかけています。教会建築ではローマのサン・ピエトロ大聖堂に次ぐ規模を誇っています。内部のステンドグラスの美しさはとても印象的でした。

スカラ座はオーストリアの女帝、マリア・テレジアの命によって建てられた世界最高峰のオペラ劇場です。ジュゼッペ・ピエルマリーニの設計で1778年に完成しました。名称の由来はスカラ教会の跡地に建てられたことで『スカラ座』と名づけられました。併設されている博物館で劇場の内部を見学したことがあります。スカラ座で上演されないオペラは本物ではないといわれているくらい重要な演目が上演されています。

ヨーロッパに旅するときは、事情が許せば、オペラ座のある街のホテルを予約し、滞在中にオペラが上演しているかどうかをチェックして出かけたものです。当日券を買い求めてオペラ鑑賞のひとときを過ごすのが、私の外国旅行の楽しみの一つです。

ローマのオペラ座にたまたま『蝶々夫人』がかかっているとき、当日券を手に入れ出かけていきました。近くに座っていた恰幅のいい中年男性が、プッチーニの『ある晴れた日に』のアリアを聞いて涙を流しているのです。何度もハンカチで目を拭いているのを見て、イタリアにはオペラが暮らしの中に根を下ろして、折にふれて人々に感動を与えていることを痛感したものでした。


ミラノでいまだ体験していない感動といえばダ・ヴィンチの『最後の晩餐』を観ることでした。慌ただしく日本を出てきたので、帰途にミラノに寄るかどうか不確かだったので予約はしていませんでした。心配だったので電話をすると、「少し並んで待っていただくかもしれませんがご覧になれると思います」という返事でした。

私はホテルを急いでチェックアウトし、地下鉄に急ぎました。その日の午後、日本に帰ることになっていました。許された時間はぎりぎりの感じでした。

ところが、運が悪いことに地下鉄が故障でしばらく動かないというのです。ミラノの中心地は朝夕の渋滞がひどく地下鉄が便利で安心です。しかしその地下鉄が動かないというのですから、嫌でもタクシーを使わざるを得ません。

タクシー乗り場に駆けつけると日本人が大勢並んでいました。修学旅行の学生ということでした。行く先を聞いてみると、やはり『最後の晩餐』が目当てで、サンタ・マリア・デッレ・グラツィエ教会でした。教会は、ミラノの中心部からかなり離れた郊外です。最後の列に並んだらとても帰国の飛行機に間に合いそうもありません。

せっかくミラノに来たのですから何が何でも観なければ……。私の執念は熱く燃え上がりました。私は思い切って最前列の二人連れの女子大生に頼み込みました。

「私は、こんな年ですから、生きている間には二度とミラノなんかには来られないと思います。今、行かないと飛行機に間に合いません。二度と『最後の晩餐』は観られなくなります。お願いだから同乗させてください。タクシー代は私が払います」

必死の思いで、一方的にしゃべっていました。初めはぽかんとして、びっくりしていた様子でしたが、私の話を聞き終わると「いいですよ……」と同乗に同意してくれました。

私に同乗を許してくれたのは、東京にある女子大の四年生で、卒業旅行でイタリアに来たということでした。自由行動で『最後の晩餐』を観に行くところでした。おっとりした育ちのよさそうな二人連れで、私のずうずうしいアタックに屈した形です。

イタリアに出かける若者が急増しているのか、成田空港からイタリア行きの飛行機に乗っても、過半数が若者でした。2月末だったので、観光旅行としてはオフシーズンのためか、一般の観光客は少なくて、学生が多くなり、近年修学旅行はますます増えているという話です。

日本人の優しさにふれて

女子大生へのタクシーの同乗のおかげで、私はとにかく教会にたどり着いたのですが、早朝なのに多くの人が列を作って並んでいました。それでも二十分くらいで中に入ることができました。二十五人のグループに分けられ、部屋に入ると十五分で出なければならないので結構せわしない鑑賞です。

キリストが同じ食卓についた弟子たちに向かい「汝らの中にひとり我を売らんとしている者がいる」と指摘した瞬間、弟子たちの間に走った驚愕と動揺が生き生きと描かれています。まさにダ・ヴィンチの最高傑作です。短い時間でしたが、私は希代の名画にふれたことで満足して教会を出ました。

帰途は地下鉄でと思い、駅まで急いで行ったのですが、あいにく小銭が切れていました。小銭がないと自動販売機では切符は買えないのです。仕方がないのでキオスクで買おうとしましたが、売り子さんに英語が全く通じないのです。必死になって英語で話しかけている私に気がついた一人の女性が近づいてきました。東洋人です。私は英語で助けを乞いました。

「私は、日本から来ました。イタリア語は十分に話せないので困っています」

「日本からいらしたのですか？」と、返ってきたのは日本語でした。日本人だったのです。助け船の出現にほっとして、事のてん末を伝えました。

イタリアでは駅で新聞などを扱っているキオスクでもチケットを買える仕組みになっています。しかし、言葉が通じないのではどうにもなりません。

近づいてきた日本女性は、流暢なイタリア語で私のチケットを買ってくれました。三十歳前後のその女性は、品性の備わった優しい感じの人で、彼女のしぐさにはイタリア人の持っている雰囲気に似た感じがあり、長年のイタリア暮らしが身に付いている感じでした。

私はアメリカの航空会社に勤め、二十年近い外国生活をしてきましたが、異国で日本人と出会うことにそれほど喜びを感じないで過ごしてきました。日本に帰って、外国暮らしの習慣が風化して、日本人の暮らしに戻っていくにつれて、外国で日本人と出会い、フレンドリーな態度に接するとほっとした気持ちになります。改めて、同じ日本人なのだという連帯感を覚えて安心するのです。

今日は偶然にも、若い日本女性に二度も助けてもらいました。もっとも今日の場合は、私のほうから援助の手を求めたのですが、どちらもこころよく私の助けに応じてくれました。助けてもらったときに、ああ、この人たちは同じ日本人なんだとしみじみ思いました。タクシーの同乗にしても、あっさり断られても仕方のないこと。そうなれば、私は『最後の晩餐』を観ることは不可能でした。

キオスクで助けてくれた女性にしても、素通りすることもできたのに、自発的に進み出て、終始やさしく笑顔で頼みを聞いてくれました。〈なんて親切な人たち〉と、私は異国で出会った同胞に懐かしさと頼もしさを感じたのでした。

そんなことがあって十年近く経って私は再びミラノを訪ねました。確か２００８年の夏だったと思います。パドバに行く途中で寄ったのです。かつての旅で空き室がなくて苦労した経験があったので、日本からホテルの予約をして出かけました。

予約したホテルは、割と高級なル・メリディアン・ガリアです。イタリアのホテルは高級ホテルでないとベッドが小さいのです。このホテルはシングルルームにもセミダブルのベッドが入っており、私のお気に入りのホテルなのです。

ロビーに着いて驚いたのは小鳥のさえずりのように聞き慣れない異国語が耳に飛

び込んできたことです。中国語でした。１９００年代、このホテルは東洋人の姿はほとんど見かけることはありませんでした。見かけたとしても、まれに日本人の老紳士や中年のビジネスマンで、女性の姿はありませんでした。ホテルはいつもひっそりと静まり返っていました。

２００８年、このホテルのそこかしこで中国語の女性の声がはじけているのです。私は、中国の底知れないパワーが古都ミラノにひたひたと押し寄せてきたのを感じました。

5 最高級ホテル〝ダニエリ〟に泊まる
―ヴェネツィア―

友人の中に、一流と名の付くものなら何でも素晴らしいと思っている人がいます。私は必ずしもそう考えているわけではなく、自分のライフスタイルにマッチしたものが一番快適で、価値のあるものなのです。世間的に一流の価値があるものだけが、必ずしも素晴らしいとは思いません。他者の評価に左右されて、せっかくの自分の好みが犠牲になるようでは、快適とは言えないはず。私は、一度気に入ると、他者の評価がどうであれ、自分がよいと思ったものが、自分にとって〝最高のもの〟と考えています。

ところが世の中には、宣伝などによる一般社会での評価を、絶対的な価値基準にしている人が大勢います。世間の格付けが高く、金持ちやＶＩＰが愛用したり、利用したりするものが最高のものと考えている人が多いのです。日本人のブランド指向は端的に、そのことを物語っています。

私にヴェネツィアの高級ホテルを勧めた友人は、世間が一流と認めているものなら何でも最高という、まさにそういう人でした。

「世界各国の一流ホテルを知っているけど、ヴェネツィアのダニエリは最高よ。一度ぜひ泊まってごらんなさい」

イタリアに娘と一緒に旅行すると言った私に、彼女は〝ダニエリ〟を勧めるのでした。私はまた始まったと思って聞き流していましたが、そばにいた娘が、がぜん、ホテル・ダニエリに興味を示したのです。

「ダニエリに泊まってみたいわ。あの人のお勧めだったら、素敵なホテルなのでしょう」

娘が最高級に強い興味を示したのに、私が「一流なんてくだらない」と無下に避けることはできませんでした。

ダニエリはサンマルコ広場のドゥカーレ宮殿からほど近い場所にあり、14世紀末に建てられたヴェネツィア貴族の邸宅を19世紀に入ってからホテルに改装したもの。しかし、館内の黄金の階段は昔のままだそうで、まさに共和国繁栄の後をしのばせるものとなっています。

豪華な吹き抜けのあるロビーに立つと、もうヴェネツィアの歴史の中に入り込んだような、時間を超越した雰囲気にのまれ、別世界に入っていくような気分でした。また、屋上のレストランから遠望する運河の眺めは絵のように美しく、心安らぐ景色です。各国のＶＩＰに愛されている五つ星のホテル。二泊の予約を入れていたゲストルームに使われているリネンの心地よさは格別です。娘は大喜びでゴージャスな気分を満喫していました。

朝からシャンパンが付いたディナー風の食事が出たのには驚かされました。レストランに入るのに、いつもドレスアップが求められるのは、少し煩わしい感じがしますが、何しろ女性の大部分がハイヒールを履いているのです。私はコンフォートシューズでないと長く歩けないので、とてもみすぼらしく見えたに違いありません。ただ娘はとても背が高いので、低い靴を履いていても他の女性たちを圧倒しています。ここでは娘の存在が、付き添うようにちょこちょこ歩いているみじめな私を救ってくれた感じです。寄らば大樹の陰、というところ。

その日の朝食で隣の席に座った家族の装いを見て、「やっぱり」と感心した次第。

十歳くらいの子供二人を連れた夫婦の席です。女の子は見るからに高級なフリル付きの洋服を着ていて、身だしなみは完璧です。男の子は、黒のジャケットをきちんと着こなした豆紳士。父親はこの席に入る男性にしては、多少カジュアルな服装ですが、多分、朝食なので部屋からそのまま出てきたのでしょう。しかし、彼の足元を見ると、高級なスエードの靴を素足に履いています。明るいカーキ色の靴はなめらかで、一目見ただけで上質であることが分かります。ジャケットもベージュで軽い出で立ちですが、アメリカではどんな高級ホテルでもお目にかかることのない家族連れです。

私のほうに背中を向けている母親の顔は見えませんでしたが、ロングヘアーの金髪はよく手入れされていて、ゆったりと着こなしたピンクの洋服の上に波打っています。ヨーロッパの上流階級を絵に描いたような家族です。その家族だけではありません。発散する雰囲気は各テーブルそれぞれですが、どの人たちも、独特の気品を身に付けています。なるほどダニエリの客……、と妙な納得をさせられます。サービスする側のウエイターも、タキシードに蝶ネクタイ姿。慇懃でありながら、やわらかでそつのない雰囲気を全身に漂わせています。

私と娘は、日本人の高級官僚やスター、世界的実業家などの名前を挙げて、「あの人たちもダニエリを利用するのかしら……」と語り合いました。

私たちが最初に泊まった日には、日本人の宿泊客とは出会わなかったので、私たちだけだと思っていたのですが、二泊目の朝、すぐ近くのテーブルに日本人の家族がいました。親子の三人連れです。ウエイターに用事を頼む若い女性のイタリア語は流暢です。私の想像癖で、娘が留学か仕事でイタリアに住んでいて、日本の両親を高級ホテルに招待したのではないかと考えました。

この場に夫がいたら、どんな雰囲気になるか想像してみました。夫のポールは生粋のアメリカ人です。映画監督の仕事をしていて、絶賛している映画は仲代達也主演の『大菩薩峠』です。特別なとき以外、服装にはこだわりません。性格も思想もリベラルな人なので、貴族趣味や権威主義は肌に合わないのです。

「パパがここにいたら、どんな顔をすると思う?」

私の問いに娘は、

「一時間が限度かな?」

と言って小さく肩をすくめました。

6 青春の思い出をたどる
—恋の街ヴェローナ—

ヴェローナといえば誰でも頭をよぎるのがシェイクスピアの悲恋戯曲『ロミオとジュリエット』でしょう。この街にはジュリエットの生家があることでも知られています。

ローマ帝国時代から栄えた世界遺産のこの街は、一年中観光客の途切れることはありませんが、特に夏は多くの観光客で賑わいます。理由は、毎年夏に開催されるアレーナ（古代円形劇場）でのオペラフェスティバルで、世界中のオペラファンが押し寄せ、熱狂の渦になります。アレーナはローマのコロッセオよりはるかに保存状態もよく、一万四千人の観客を収容できるといわれています。

旅行会社を経由せず、気ままに楽しむ個人の旅は、自由を満喫できるのですが、私がぜひ観たいと思う有名なオペラの演目は、個人でチケットを取るのはかなり難しいのが現実です。

ヴェローナは紀元前1世紀に誕生した街で、いわば二千年の歳月をくぐり抜けて現在に至った要塞都市です。観光都市として押しも押されもしないイタリア屈指の街で、街の隅々が見所満載です。特にアレーナのある広場の近くにはカフェやレストランが軒を連ねています。私には何となくパリの繁華街のムードが感じられました。

オペラも重要な見所の一つですが、私にとってヴェローナの街自体、どことなくロマンの香りがしてきます。青春の追憶が散りばめられているせいなのかもしれません。

まさか、ジュリエットの亡霊に恋の魔法をかけられたわけではありませんが、私にとってヴェローナは恋の街ということになるのでしょう。交通の便も悪くなく、ミラノから急行で一時間半ほどで行ける距離ですが、東京から発つときには、ミラノよりはローマに飛ぶほうが多く、百回近いイタリア訪問の中で、ヴェローナはまだ二回だけ。

その二回目は娘と一緒の旅。スケジュールの都合で駅にスーツケースを預け、わずか三時間ほどで慌ただしく観光しました。何か忘れ物をしたような、心残りする急ぎ旅でした。

その前にヴェネツィアに三泊していたので、娘から「あそこに三泊するくらいなら、ヴェローナにせめて一泊でもしたかったわ」と言われ、「確かに」と納得。私は自分のプランのミスを大いに後悔した次第です。

賑やかな目抜き通りには若い女性の心を引き付ける、素敵なショップが並んでいます。

「もう、時間はないの？」

娘は名残り惜しそうな目つきで私を見るのです。


あれから幾年月……。あのときは、成人を迎えたばかりの娘に、私の大好きなイタリアの街を案内しようと企画した旅だったのに、二週間のイタリア旅行中、ヴェローナに一泊もできなかったのが悔やまれました。「私、一番好きなイタリアの街はどこかって聞かれたら、ためらわずヴェローナって答えると思うわ。おしゃれなカフェや素敵なお店がたくさんあるのに……。それなのに駆け足で通り過ぎるなんて……」

しばらくの間、娘は恨めしげにぶつぶつ言っていました。

愛のスポットとして人気の高いジュリエットの邸宅には、蔦のからまるロマンチックなバルコニーがありますが、それは映画や芝居のセットでおなじみのものです。このバルコニーから身を乗り出してジュリエットはロミオと語りました。あの場面は悲恋物語のクライマックスです。

私たちもジュリエット像の前で写真を撮りました。等身大といわれるジュリエット像と娘の身長が同じなのにびっくりしました。娘は当時やっと二十歳になったばかりで、私から見るといつまでも子供なのですが、背たけだけは立派な女性で、娘にとっての恋は決して単なる夢物語ではないことを実感させられたのでした。

広場から西に少し歩くと、市街を囲むようにアディジェ川が流れていて、川べりの散歩もおすすめのコースです。古城のカステルヴェッキオが見えてきて旅情はますます掻き立てられます。

「もう時間はないの？　そんなのってないよ……」

娘の声が今でも私の耳によみがえってきます。

7 年末年始をイタリアで
―ローマからプーリア州へ―

ローマのイヴ

クリスマスと新年をイタリアで過ごすために娘と二人の旅に出ました。

ローマ、フィウミチーノ空港に着いたのは19時です。予約したホテルは昔なじみのホテル・メトロポール。ここに二日間泊まります。

ローマは隅々まで知っているつもりでも、来るたびに新しい発見があります。翌日、テルミニ駅前から観光客専用の二階建てバスに乗り込みました。いつどこでも降りられて、また乗り込める遊覧バスです。自分で行く先が決められないときは、こんなバスは便利なもの。バスの二階の大きな窓から見下ろすローマの街並みは、冬の陽光を浴びて建物はセピア色に輝いています。

トレヴィの泉、スペイン広場、パンテオン、コロッセオ、フォロ・ロマーノなど名所といわれる所は何度も観ているのですが、そのたびごとに別の刺激や発見があり、がっかりするということはありません。それに、若いときは名所よりもショッピングに心を奪われていて、じっくりと名所と向き合うことが少なかったので、年を重ねてから訪れるイタリア旅行のほうが、ずっと新鮮な気持ちで一安心でき、想像力も湧いてきます。

今度も、サンタンジェロ城をじっくり観ようと思ってバスを降りました。

円形の城はテヴェレ川の西岸沿いに建てられており、城は川面に影を映しています。もともとは、ハドリアヌス帝の霊廟として建てられたものです。

城に入るためには、テヴェレ川にかかる橋を渡らなければなりませんが、サンタンジェロ橋はベルニーニの手で作られており、美しい彫刻が刻まれています。城の前にかかるこの橋の上から三六〇度、すべての角度が素晴らしいカメラアングルになります。

永遠の名画『ローマの休日』でもこの城が重要な舞台となっているのは改めて述べるまでもありません。オードリー演ずるアン王女が、最後のダンスパーティのシーンで華麗に踊ったのがテヴェレ川の岸辺であり、川の遊覧船の上でギター片手の大立ち回りもこの橋の上から撮影されたといわれています。

改めて解説するまでもなく『ローマの休日』は、古きよき時代のハリウッド映画が生み出した最高傑作と言ってもいいでしょう。

ウィリアム・ワイラー監督は、オードリーの最高の笑顔を撮るために、六ヵ月間グルメ漬けにして、ゆっくりと休養を取らせ、楽しみながら撮影したというエピソードが語り継がれています。気品と愛らしさと爽やかな笑顔……、まさに監督の思惑は当たったことになります。あれから半世紀以上も経って、いまだに世界の至る所にオードリー・ヘップバーンの写真が飾られています。ただ一日の恋物語を六ヵ月かけて撮影しているだけに、ローマの観光地がすべて勢揃いしています。

ちなみに映画の舞台となった名所を時系列でたどると、①共和国広場、②バルベリーニ宮殿、③スペイン広場、④マルグッタ通り、⑤サンタンジェロ城、⑥パンテオン、⑦トレヴィの泉、⑧ヴェネツィア広場、⑨コロンナ宮殿、⑩フォロ・ロマーノ、⑪コロッセオ、⑫真実の口……です。これはまさに、ローマの名所旧跡そのものと言っていいでしょう。

私たちは一通り観光が終わって城の上階にあるカフェに入りました。このカフェの窓からローマの市街を遠望するのも格別です。

ローマにペストが蔓延した6世紀（590年）に、上空に大天使ミカエルが現れ、剣で疫病を追い払いローマを救ったという伝説があります。このミカエルの働きを法王グレゴリウス一世が目の当りにしたことから、この場所をサンタンジェロ（聖天使の城）と呼ばれるようになったということなのです。

15世紀頃は、城とヴァチカン宮殿は通路が通じていて、教皇の避難場所になっていたといわれていますが、現在は城は国立博物館として一般公開されています。

ローマの観光地に点在する多くの広場は、私の大好きな場所でもあります。中でも私の好きな広場はナヴォーナ広場。クリスマスを迎える12月から新年の6日頃まで特別な賑わいを見せます。車の乗り入れができないこの広場は、クリスマスを喜び合う家族連れなどで賑わいます。広場のあちこちに、キリスト像をあしらった飾り物や土産物、おもちゃの露天などが軒を連ねています。似顔絵かきや大道芸人の稼ぎ時でもあります。

この時期は、飾り物に宗教的雰囲気が色濃くなり、屋台を覗いているだけでクリスマスムードが満喫できます。

幼い子供連れの家族が、キリストやマリアの置物などに真剣に目を凝らしているのを見ると、やはりカトリックの本場であることがうなずけます。

子供たちはキリストの教えに関して、そこで母親や祖母などにあどけない質問をしたり、幼い女の子がマリア像を買うのに、どれが一番きれいかなど、真剣に母親と話し合っているのを見ると、宗教が生活の中にしっかりと根づいていることを実感させられます。

バーリのレストラン

イヴをローマで過ごした後、25日にバーリに移動。

バーリは、アドリア海に面し、世界遺産のアルベロベッロとマテーラの玄関口になっていて、プーリア州の州都。商業都市として賑わっています。街は旧市街と新市街に分かれ、旧市街の中心にはサン・ニコラ教会やロマネスク様式のカテドラーレ（大聖堂）などがあります。その周辺には民家が密集し、迷路のようです。私たちはバーリで二泊してゆっくりクリスマスの観光を楽しもうと思っていました。ところがホテルにチェックインして、さてこれから外出というときに、突然大降りの雨。仕方なく、夕食はホテルの前のレストランでとることにしました。家族経営のような素朴なレストランでした。オーナーシェフは、かなり高齢の銀髪の人でした。ここで食べた郷土料理は思いがけず、非常に満足すべき味でした。

バーリはオリーブの産地で知られています。テーブルに案内されると、彼はすぐにオリーブをどっさり持ってきました。大きなオリーブで、風味満点です。次に土地の特産だという赤ワインを持ってきて、その場で開けると、大きなワイングラスにどくどくと無造作に注ぎます。なんて大ざっぱなんだろうと見ていたのですが、一口飲んで驚きました。今まで味わったことのないコクのある美味しいワインでした。このワインを選んでいるシェフなら料理も美味しいに違いないと判断。

「シェフのおすすめの料理をお願いします」と片言のイタリア語で注文しました。

「イタリア語が話せるなんて、素敵なお客様だ」とオーナーシェフは少し微笑んでうなずきました。

料理は期待以上の味でした。ミックスサラダとこんがり焼いたパンにトマトやチーズを乗せ、オリーブオイルがかけてあるアンティパスト（前菜）、続いてパスタ、肉、魚料理と運ばれてきました。パンは焼き立てでこれまた美味しく、今まで何十回と足を運んだイタリアの中でも三本の指に入るほどのイタリア料理でした。

女性二人きりのクリスマスの晩餐としては上等でした。バーリはイタリアの中でも食の宝庫と呼ばれていることを思い出し、改めて看板に偽りなしと実感。産地だけに、オリーブの美味しさは言うまでもなく、特にチーズの美味しさを再発見しました。あまりにも満足度が高かったため、翌日の夕食もそこでとることに。シェフは昨夜の私を覚えていました。

「イタリア語を話せる東洋の淑女、ようこそ……」にこやかに気持ちよく迎えてくれました。

前日と同様、料理はシェフにおまかせです。赤ワインは昨夜のワインが気に入っているので同じものを注文しました。シェフは昨夜のメニューを覚えているので今夜は別メニューです。昨夜とは違ったパスタ、そして二皿目は、仔羊肉のあぶり焼きです。昨夜とは全く違った料理なのに、昨夜と同じ70ユーロです。勘定書きはきっとアバウトなのでしょう。明細の記入もありません。おかしいとは思いましたが、料理が特上で値段以上の内容とサービス、それにシェフの笑顔と、何の不満があるでしょうか。すべてOKです。

その日、市内観光でカテドラーレの近くにある二階建ての、けばけばしいレストランで食べた昼食とは比べ物にならないほど美味しく、ランチと比較してもはるかに割安でした。その派手なレストランは、日本にあるファミリーレストランのようなもので、家族連れや地元の若者たちが集まっていました。

昼食後、迷路のような住宅地を歩いてみましたが、クリスマスの料理なのか、戸外に火鉢のようなものを持ち出してソーセージや肉、魚介類を焼いていました。うちわのようなものを使ってコンロを扇いでいます。ふと、戸外で七輪を使ってサンマを焼く、昔の日本の風景を思い出しました。

焼き物の料理を作る戸外の主婦たちの服装は地味で、黒くて長い裾の洋服に身を包み、髪はスカーフで覆っていました。イタリアの女性というより、ジプシー女性を思わせる雰囲気でした。街を歩いていても観光客は見当たりません。年末という特殊な事情もあるかもしれませんが、ローマなどの都市とは明らかに違います。それに、イタリアは北と南では雰囲気も人情もがらりと違うのにはいつも感慨を抱かされたものです。昔、CA時代に聞いた話ですが、イタリア人の作家が「ローマから南はイタリアなんかじゃない。よその国にくれてやればいいんだ」と、暴言を吐いていたのをふと思い出しました。

しかし、私のような外国人にすれば、イタリアの魅力はそこにあるわけで、私はナポリも大好きですし、うがって言えば、南のほうが含蓄に富んでいるし、人間も明るくて面白い感じがします。

アルベロベッロの職人にドッキ！

翌朝は、アルベロベッロに向かいました。バーリから鉄道で約一時間です。アルベロベッロで有名なのは、石を積むだけで作られた『トゥルッリ』と呼ばれるとんがり帽子の三角屋根です。『トゥルッロ』とも呼ばれています。

トゥルッリの屋根には魚や鳥のような絵やラテン文字が描かれていますが、これらの一つ一つには宗教的意味があるといわれています。

とんがり帽子の街並みは、まるで童話の世界の挿し絵のようで、不思議な世界に迷い込んだよう。ここは世界遺産の街であり、一軒一軒の多くは、見学者のための土産店になっています。

真冬なのに白い家々が太陽を反射して少しも寒さを感じません。私は旅人らしいのんびりした気持ちでウインドーショッピングを楽しんでいました。坂道を下ったところにあった一軒の土産店に入りました。とんがり帽子の家の形を彫った置物が並べてあります。模型のミニチュアハウスです。実際に職人が石を削っていました。一軒の土産店は、中に入って見物してくださいと張り紙がしてありました。

私が中に入った土産店は、実際にあるじが長年にわたってトゥルッリの家の模型を彫り続けているらしく、彼を紹介した新聞記事が壁に張り出されていました。名前はヴィトと紹介されていました。初老と言っていい年格好ですが、なかなかのイケメンです。彼の側に座って仕事を手伝う、これまた愛くるしい少年がいます。二人のチームワークはなかなかのもので、私はてっきりヴィトの息子とばかり思っていました。「息子さんですか？」と私は聞いたのですが、二人とも無反応でした。私のイタリア語が通じなかったのかと思い、通じないついでに「結婚なさっているのでしょう？」といった、全くくだらない質問をしてしまいました。こんなにハンサムなら女性は当然放っておかないだろうという、興味本位の質問でした。何しろ、何度もイタリアを旅していても、このような整った容貌の男性に会ったのは初めてでした。

ところが案に相違して、彼は顔を上げると「いいえ」と寂しそうに首を振りました。私は自分の無神経な好奇心を悔やみましたが今更遅いのです。その寂しそうな顔を見ていると私の後悔はさらに大きくなっていくのでした。

〈奥さんは亡くなったのだろうか？　それとも離婚か？　まさか、一度も結婚したことがないということはないだろう……〉などと、質問したことを後悔したと言いながら、次々に勝手な想像が膨らみます。

ところで、手伝っている男の子もなかなかの美少年ですが、〈ヴィトとはどんな関係なのかしら？　兄弟ということはないだろう……。兄弟にしては年齢があまりに違いすぎる〉などと、私の好奇心はひとり歩きを始めるのです。

それにしても、余計な質問をして傷つけてしまったかもしれないという思いは、翌日になっても消えませんでした。昨日は変な質問をしてすっかり赤面し、何も買わずに退散してしまいましたが、今日はお詫びのしるしとして何かを買い求めようと、再びヴィトの店を訪ねました。

彼の店の前に老女が立って客引きをしていました。昨日はその女性はいませんでした。その女性の面立ちから、ヴィトの母親だと気がつきました。彼は、母親を助けるために一生独身を貫いたのでしょうか？　それとも、妻と母の確執で、母親を選んで妻と別れたのでしょうか？　私の悪い癖で、またまた想像のひとり歩きです。

「お母さんですか？」

私の質問に母親はにっこり笑ってうなずきました。

母親はジプシー風のさびれた身なりの、小柄な女性でした。中で彫刻をしているハンサムのヴィトと比べるとあまりに何もかも違いすぎます。確かに目許の辺りには親子と言われれば、なるほどと思わせる、似ている面立ちはありましたが、彼の持つ哀愁に満ちた気品と端正な容貌に比べると、天と地ほどの違いがありました。トンビが鷹の子を産むというより、カラスが鷹の子を産んだような違いでした。

〈父親が相当ルックスがいいんだわ……〉私の変な想像力が出した結論です。

手伝っている少年のことを聞いてみると、彼女の孫だということでした。したがって彼の甥っ子ということになります。

アルベロベッロが世界遺産に登録されたのは1996年です。それまでは観光客も少なく、農業で細々と生計を立てている家がほとんどだったいうことです。ただ、この地方は、オリーブや葡萄、サクランボなどの果樹園が段々畑になっていて、見事な景観を作っています。アルベロベッロの地名も、アルベロ（木）とベッロ（美しい）で、美しい緑の地という意味です。

この地の住民の多くは、先祖がギリシャ、スペインからの移住者だといわれています。ヴィトの母親や住民の多くがジプシーの血を引いているように見えるのも、そんな移民の歴史が関わっているのかもしれません。実際に南イタリアは、いろいろな人種が混血していますが、そのためか美男美女が多いような気がします。

お詫びのしるしに土産を買うために再び訪れたヴィトの店で、石灰岩を彫刻して作った三角屋根のトゥルッリの模型を買いました。5ユーロ（約600円）という安い値段です。もっと値の張るものもあるのですが、旅の途中で大きなものは持って歩くことはできません。そのかわいい模型で失言のお詫びとさせてもらいました。

帰途、一軒のトゥルッロの前で、私の姿を見た十歳くらいの男の子が急いで家の中に駆け込んでいきました。するとその家から一人の東洋人の女性が出てきました。その女性は私に笑顔を向けて「どうぞお入りください」と日本語で声をかけてきました。明らかに日本人女性でした。よく見るとどこかで見たことのある顔です。どこで会ったのか考えていて、思い当たりました。そう言えば数ヵ月前、イタリアを紹介する日本のテレビ番組で、そこに出演していた日本人女性です。

そのことを言うと、彼女はうなずき、「よく、日本から取材にお見えになるのですよ」と言いました。

彼女はイタリアに観光に来てそのまま、世界遺産の街で恋人を見つけ、結婚して定住したのです。店には彼女のご主人もおり、奥から出てきて、愛想よく私を迎え、いろいろなことを語ってくれました。

「彼女が店に入ってきたときは、雷に打たれるほどの衝撃を受けましたよ」と、そのときの感激を告白。結婚後二人は力を合わせて店を大きくしたということです。話していると、彼女はすっかりこの地に溶け込み、イタリア人になりきって暮らしていることが分かりました。彼女の家の二階でお茶をいただいたのですが、窓からはプーリア地方独特ののどかな風景が見渡す限り続いていました。こんな風景に朝に夕にとどまって接し、陽気なご主人と暮らしていれば、誰だってこの地に溶け込んでしまうに違いないと、幸せそうな彼女を見て実感しました。

仲むつまじいご夫妻と話しているうちに、さっき別れたばかりのヴィトのことをふと思いました。彼にもこの方のような素敵な女性が現れるといいのに……。しかし、彼はシャイなタイプなので、素敵な女性が入ってきても、きっとスマートに対応できないかも……、などとまたまた、私のおせっかいな想像癖が出てくるのでした。

日本人の意地悪観光客に失望 マテーラでのこと

アルベロベッロの近くにもう一つの世界遺産『マテーラ』があります。その日私たちはタクシーを使いましたが、マテーラまで約一時間半でした。

残念ながら運転手は英語がほとんど話せず、私の片言のイタリア語だけがコミュニケーションの手段です。マテーラ観光は運転手抜きですることに決めました。

「三時間後にこの場所で会いましょう。それまであなたの自由時間よ。好きなことをしていていいわ」

私が言うと、運転手は大喜びしました。私のイタリア語は通じたようでした。

運転手の名前もヴィトでした。運転手のヴィトも顔は決して悪くはありませんが、とんがり帽子屋根の土産店の職人、哀愁のヴィトとは比較になりません。

マテーラは先史時代からの洞窟住居群（サッシ）が谷の斜面に広がっています。谷の崖の岩肌を掘って作られた洞窟をブロックや石を積んで住居として整えたものです。家が次々に増え続けると、道は階段がいくつも走るようになり、入り組んでいきました。その家で今も生活が続けられています。

マテーラは、1993年、このプーリア地方ではいち早く世界遺産に登録されています。数々のハリウッド映画のロケにも使われていてとりわけ有名な場所です。

私たちはサッシ地区の入口まで、歩いて行ったものの、どこからどのように見学すればいいのか途方に暮れてしまいました。ガイドブックには、『無人となったサッシの内部も見学できる』と紹介されています。サッシの内部はぜひ観たいと思っていました。

どのような順路で観光すればいいのか、困っていた私たちの目の前に観光客の一団がどやどやと現れました。何と、その一団は日本人観光客のグループでした。

ガイドも日本人でした。私はガイドに近づき、了承を取りました。

「私は、日本から来た一人旅のものですけど、サッシ洞窟住居入口までこちらのお客様について行きたいのですが、よろしいでしょうか？」

「もちろん、いいですとも。どうぞ……」

日本人ガイドは笑顔で許可してくれました。私は十分ほどの間、サッシ地区の内部を日本人ツアー客の後ろについて回りました。ガイドの説明する案内も、私には参考になりました。ところが、一人の四十代の女性客が私に近づいてきました。

「私たちは高いお金を払ってこのツアーに参加しているのですよ。ご遠慮いただけませんか」と、冷たい態度で語りかけてきました。

私は一瞬、この女性が何を言っているのか分かりませんでした。どうやら、私はよそ者で、ツアーに参加できない貧乏人はついてきてはダメ、ということを言いたいらしいのです。私はあきれてしまいました。観光の邪魔をしているわけでも、迷惑をかけたわけでもありません。ただ、このサッシ地区の観光だけを一緒について回りたかっただけです。

まったくその仕打ちには驚きました。日本人は排他的な国民といわれますが、平成の時代になっても島国根性的な悪い因習は受け継がれているのかと愕然としました。三十年近い外国生活をしてきた私は、日本人の悪い面に少し鈍感になっていたようですが、皮肉にも、日本をはるかに離れたヨーロッパの地で日本人の悪い面を知らされることになりました。昔、アメリカ人の知人に「日本人は世界一意地悪国民だ。仲間や身近な人だけを大事にする」と言われ反論したことを思い出しました。

「日本人は世界一優しい国民よ。困っている人を助け、誰にでも手を差し伸べるわ」

私がムキになって反論するのをアメリカの友人は「そうだといいけどね」と小さく呟いたのを思い出しました。それから、知人のアメリカ人は「人間を差別しないのはアメリカ人さ」と胸を張るように言いました。

私は、何度も一人旅をしているので、外国人のツアー客の一団に入って説明を聞いたことは一度や二度ではありません。みんな気さくに平等に扱ってもらいました。ある、アメリカ人のツアー客について回ったときは、私の体が小さいものだからみんなが一番前で聞くようにと私を前列に導いてくれました。それなのに、同じ祖国を持つ日本人の観光客につかの間の同行を拒否されるなんて、私は深い悲しみと悔しさを味わうことになりました。私たちはすぐにグループから離れましたが、十分ほど歩いているうちに、居住区の見学できる場所にたどり着きました。

サッシの中はいくつかの部屋に分かれていました。一区切りに一家族ずつ、家族と家畜が同居しています。この地に人間が住み始めたのは新石器時代の末頃ではないかといわれています。第二次大戦後、多くの移住者が住み始めるようになり、近年都市の再建化が加速し、サッシの内部も改築され、住空間として最適であると再評価を受けています。すなわちサッシは、冬暖かく、夏はクーラーが必要ないほど涼しいといわれています。

サッシの内部を一通り見終わると、そろそろ、タクシー運転手との約束の時間です。約束の場所に戻るとヴィトは居眠りをしていました。

マテーラから約一時間でブリンディシに到着しました。今夜は市の中心部に位置するホテルを予約していました。ホテルで出迎えてくれたのは中年のホテルマン、この男性もヴィトと名乗りました。

ヴィトさんの何と多いこと。「それにしても、同じ日に三回もヴィトに会うなんて」と、娘と私は大笑いしてしまいました。

8 一人旅のだいご味
―ペルージャ二回目の旅―

　ペルージャの土を初めて踏んだのは、ミラノからローマに向かう、ある男性とのドライブの途中のこと。旧市街を駆け足観光で巡り、まだまだ観足りないと思いながら、スケジュールの関係で、後ろ髪を引かれる思いでペルージャを後にしたことを思い出します。

　その時、私はまだ二十代で、アメリカの航空会社のCAをしていました。二週間の休暇を取って、本格的にイタリア旅行を企画したときのことです。そのときのペルージャの旅で、ガイド役の彼が言った言葉の中に、後々まで記憶に残っていることがありました。

「ペルージャの大学には、外国人のためのイタリア語コースがあって、世界中から学生が集まっている。年齢制限もなく誰でも留学できるらしい……。とてもよいコースだと評判なんだ。君もいつか留学してみたら？」

その言葉を思い出すたびに、私の脳裏にレンガ色に統一された中世の街の風景、学生街らしいアカデミックな情緒がよみがえってきたものです。

そんな記憶に触発されるように〈いつか語学留学を……〉と、漠然と考えていたものの、その後、私はニューヨークのコロンビア大学に通いだしたため、ペルージャへの語学留学の思いは、いつの間にか自分の内部から消えていました。

あの頃は単にイタリアが好きという程度で、イタリア語を本格的に学ぼうという気持ちは、それほど強いものではありませんでした。心からイタリアが好きと言えるようになったのは、航空会社を退職し、日本に移住してからのことです。

アメリカ人の夫の母親、すなわち私の義母は、私たち家族三人がアメリカから日本に移住してからというもの、唯一の孫に会うために、年に一度は来日して三週間は泊まっていきます。一人での来日は心細いのか、彼女の妹か娘を連れてくるのです。私たちの住まいは一戸建てでしたが、日本家屋は狭く、二人の外国人を泊めるのは、容易なことではありませんでした。

アメリカでは居住環境が全く違い、夫の実家でもゲストルームがありトイレやシャワーも別で、客のほうも自由気ままに過ごせます。

ある日、夫から「娘を我々に任せて、君は外国旅行にでも出かけたらどうか？」と、提案がありました。

接待に追われる私を気遣ってのことなのですが、確かに、義母がはるばる日本に足を運ぶのは、溺愛する孫娘に会いたい一心からなのです。むしろ夫の身内だけのほうが、気楽でリラックスできるだろうと思いました。

私が不在であれば、目に入れても痛くないほど可愛くて仕方ない孫娘を独占できます。私の旅行は義母にとっても好都合というわけ。

アメリカにいた頃、娘は生後六ヵ月くらいから、しばしば義母の家に単身で泊まっていたので、すっかり懐いていました。それに義母は、とにかく面倒見がよく働き者です。娘も安心して預けられるのです。

彼女は最初の頃はホテルに泊まっていたのですが、一ヵ月近い滞在なので、ホテル代も大変です。日本間の畳の部屋でよければ、自宅に泊まってくださいと申し出たところ、喜んで使ってくれるようになりました、
それから十数年、毎年春か秋のベストシーズンに来日し、我が家で一ヵ月近く過ごすということに。したがってその期間が、私のイタリア旅行の時間ということになります。夫にしても、幼い娘を中心に、一家水入らず過ごせるのです。そんなわけで、

義母が来日し、引き換えに私が旅に出るのは、いわば、我がファミリーの年中行事になりました、そして私の行き先といえばイタリア。こうして私のイタリア行きは、ますます高じていったのです。

やがて私たち家族は、日本家屋から広い間取りのマンションに引っ越し、布団からベッドの生活になりました。それまでの日本式家屋は小さな三階建てでしたが、マンションに移ってからは階段の上り下りはなくなり、義母にとっては体力的に楽になったはず。ところがバリアフリーのマンションなのに、泊まりに来たのは五年ほど。つまり五回くらいでした。

あの頃義母は、すでに八十歳代の半ばを過ぎており、飛行機での長旅には自信がなくなっていたのです。

身に付かなかったイタリア語

イタリアが好きになるにつれて、本格的にイタリア語を習いたくなり、イタリア文化会館に通い始めました。最初の頃は、英語よりも発音しやすいのでとっつきやすかったのですが、初級コースを終えたところで壁に突き当たり、後が続きませんでした。

文法が難しいのです。これをマスターするのは、相当勉強する覚悟が必要と考えると、のめりこむ勇気が出ないのです。もうすぐ六十歳。還暦が迫っている頃でした。また、他の老後の楽しみをあれこれ考えだした時期でもあったのです。

初級コースで、簡単な挨拶や数の数え方、曜日の知識などを覚えたので、イタリアの田舎に行っても何とか通じます。フランス語、ドイツ語もそうですが、難解な文法は若い頃に身に付けないと無理だと痛感しました。

イタリア語を完全にあきらめた最も大きな理由は、ローマのフィウミチーノ空港でイタリア人の空港要員に、「免税の手続きはどこでしたらいいのですか?」とイタリア語で聞いたとき、「英語分かりますか? あなたのイタリア語より僕の英語のほうが上手だから」と言われたのがきっかけでした。確かに世紀末を迎える頃から世界中で英語がますます公用語化してきていて、パリをはじめローマでも英語を話すことが当然となってきていたのです。こんな時代に今更、難解な文法に取り組んでまで外国語に没頭する意義があるのか考えていた時期だけに、この空港要員の言葉が決め手となりイタリア語を断念しました。

ペルージャを二度目に訪ねたのは、私がイタリア語に挫折した直後のことでした。一度は語学留学まで考えたペルージャでしたが、あれからすでに三十年以上の月日が流れています。

一度目のときは静かで落ち着いた学園都市というだけの知識しかなかったのですが、もう二度目に訪ねたときは、サッカーの中田英寿選手が当地のセリエAに移籍したことで、日本人の間にペルージャのブームが湧き上がっていました。私が日本人だと分かると「ヘイ！　中田」などと声をかける人もいました。日本の知人にペルージャに行くというと「ああ、中田が活躍したチームのあるところだね」という声が返ってきます。

私の駆け足観光の楽しみ方

二回目のペルージャ訪問のときに宿泊したホテル・フォルトゥーナは、旧市街の中心地にあるイタリア広場のすぐそばにあります。イタリア広場は市民が集い、語り合う憩いの場。そこを車道のほうに出ると見晴台があり、そこからアッシジの街やスバシオ山が望めます。

ホテルは古式ゆかしい風情の、蔦のからまる建物で、中世のムードがあります。どっしりと風格のある四階建てのこのホテルは、内部はとても清潔で快適に過ごすことができました。中庭を囲むように建てられていて、どの部屋からも庭園が見え、色とりどりの花と木々の緑で心が安らぎます。私の部屋の向かい側の部屋は、若いカップルらしい客が見えますが。広い庭園をはさんでいるので談笑も全く聞こえてはきません。部屋数は五十一室というのですが、ホテルとしては小さいほうでしょう。そのためにかえってサービスも行き届いているような気がしました。

ペルージャは人口十五万人を擁するウンブリア州の州都で、イタリア中部の大学街です。オリーブの樹木が広がる丘に古い家並が続きます。起伏に富んだ地形なので、古くから要塞都市として知られており、今に至るまで城壁が街を取り囲んでいます。街の随所に歴史的遺産が残っています。

同じようなところをくり返し歩いても、二日間の街歩きは、飽きるということはありませんでした。観るたびに新しい発見があるのです。

旧市街が観光のポイントになります。イタリア広場から旧市街の中心地まで歩いて5、6分です。道路が広く、私の訪れた日も、多くの観光客で賑わっていました。若者の街らしく、ファッショナブルな店が多く活気にあふれています。私が訪れたのは

7月だったので、アイスクリームを口にする観光客が目につきました。

ペルージャのシンボルであるフォンターナ・マッジョーレ（大噴水）は広場の中心にあって、その大噴水のそばに立ち止まり、観光客や地元の人々に混じって小休止です。

ピサの斜塔を手掛けたピサーノ親子によって作られた大噴水に施されている彫刻は、旧約聖書を題材にしたものといわれています。13世紀の傑作といわれている大噴水にしばし圧倒されて見上げていました。ローマのトレヴィの泉ほど有名ではありませんが、ペルージャの最高の観光スポットには違いありません。

次の見所のイチオシは何といってもプリオーリ宮殿。建物はゴシック様式で現在は政庁舎として使われ、この三階部分に国立ウンブリア美術館があります。13世紀から19世紀までのウンブリア派の絵画と彫刻が展示されています。いずれも芸術性豊かな作品ですが、私の場合は必見といわれる『死せるキリスト』だけをじっくりと鑑賞して、あとの作品は駆け足鑑賞です。美術鑑賞ほどスケジュールを狂わすものはありません。何しろ、奥が深いのですから、ほどほどのところで打ち切らないと、それ以後の観光に支障をきたします。特に宗教的美術の場合は、軽く観て通りすぎます。何しろ私は美術鑑賞の知識に乏しいのに加え、キリスト教信者ではないので、急いで鑑賞してもどうということはないわけです。話題の作品だけは、話の種と考えて、時間をかけて案内書などの解説を読みながらじっくり鑑賞します。

海外旅行中は素晴らしい景観にふれたいし、名所旧跡はじっくり見物したいと思います。それに何といっても旅の楽しみはご当地グルメです。加えてショッピングの楽しみも捨てがたいのです。そうなりますと美術館に割く時間は限られてくることになります。それと、立ったまま鑑賞する美術館での時間は年齢とともにきつくなってきます。

景色を観たらカフェでひと休み。そして次の目的地に向かうわけですが、時間が来たらランチを楽しみ、疲れたらいつでも休んで……と、勝手気ままに歩けるのが一人旅の醍醐味なのです。一度この味を覚えると、同行者のいる旅は煩わしくなります。会社を辞めてから、時間に追われる生活が日毎に苦手になっていきました。そして、どこにでも見所が点在しているイタリア旅行は漫然と一人旅を楽しむのに最適な場所です。

さて、話を戻すと、ペルージャの街は傾斜の中にあるため、新市街と旧市街はエスカレータで結ばれています。私はエスカレータでホテルに戻りました。

昨日のディナーはトリュフを使ったウンブリア料理の、かなり重いコースだったので、今日は上等のワインにピザという感じの、あっさり系でいこうと考えました。

ホテルのコンシェルジュに聞くと、すぐそばに人気のピザレストランがあるということ。そこに行くと長い行列ができているので驚きました。なるほど人気の店だということが分かります。受付番号を手渡している店員に、どのくらい待つのか聞いてみると、広いレストランなので順番はすぐに回ってくるということ。受付番号をもらい私も順番を待ちました。

私の前に並んでいるのは韓国人の若者グループで、後ろに並んでいるのは二人連れのスペインの留学生でした。スペインの学生は私に話しかけてきました。

一人旅の東洋人の小母さんが珍しかったのでしょう。

「ご主人と一緒じゃないのか?」と聞かれました。

「夫は家で留守番だ」と答えると怪訝な顔をしました。一人の男性は目を見張るほどのハンサムボーイです。四十年前なら私の胸もときめいたでしょうが、この年ではどうにもなりません。

韓国人グループは私をどこの国の東洋人かというふうに興味ありげに視線を向けてくるのですが、シャイなのか、東洋人的人見知りか、見知らぬ女性に声をかけてはならないという保守的な考えなのか、ついに私に声をかけてきませんでした。

それにしても、この三十年めっきり東洋人の旅行者が増えました。それ以前は東洋人といえば日本人ぐらいのものでした。日本人は礼儀正しく子羊のようにおとなしかったので、外国の観光地ではおおむね評判がよかったのですが、現在は日本人はもちろん、アジア全域からも観光客が急増しています。レストランに入っても、傍若無人に大声で交わす会話。特に団体で行動する我が物顔の会話は、外国旅行の情緒も薄れてしまいそう、などと考えさせられます。

やっと順番がきて席に案内されましたが、大勢の中に混じって一人で食べるのは久しぶりです。ファストフードだからよいけれど、こんな混んでる中でのコース料理はやはり落ち着きません。

一人旅を楽しむのなら、食事のときもゆったりムードを楽しまなければ……。やはりいつものように、夕食は落ち着いた静かなレストランで、まだ誰も来ない時間帯の7時頃から早めの食事をとることがベストだと思いました。

9 巡礼者と観光客で賑わう高台の街
―アッシジ―

田園風景を思いのままに

2009年の7月、ペルージャからバスでアッシジに入りました。ウンブリア州のスバシオ山のふもとに広がる海抜424メートルの高台にある街アッシジは、街の至る所から、眼下に広がる田園風景を満喫することができます。

私の予約したホテルは旧市街の中心地に位置していて、アッシジ観光の主目的である聖フランチェスコ大聖堂があるコムーネ広場に歩いて行けるのです。

ホテルの部屋はヨーロッパのホテルにしても非常に小さく、部屋の奥に小さな窓がありました。窓を開けてみると、何と緑豊かな田園風景が一望でき、心地よい小鳥のさえずりが耳に入ってきました。とても心が癒されます。この風景を見下ろせるだけで、もう十分ホテルの存在価値があると思い私は大いに満足しました。

私が長年住んだアメリカのサンフランシスコは、ここアッシジに生誕した聖フランチェスコの名にあやかって名づけられたということを聞いており、一度訪ねてみたいと思っていました。

何百年も前のイタリア人が、なぜ何世紀にもわたって世界的な影響力を持つことができるのかということに興味を持ち、聖フランチェスコが生涯を送ったアッシジの地をぜひ一度踏んでみたかったのです。

アッシジは、キリスト教信者の巡礼の地でもあります。巡礼者の心のより所としての街は、点在する宗教建築の芸術性によって、訪れる人の心を安らかに満たします。2000年には世界文化遺産に登録されています。

私は旅装を解くとさっそく大聖堂を見学に出かけました。ホテルを出て、石畳の道を五分ほど歩くと聖フランチェスコ大聖堂が見えてきます。

戦乱の中世にありながら、平和を説き続け、聖人となったフランチェスコの精神を今に伝える数々の芸術や建築物……。大聖堂の中にはやはり聖人の精神《こころ》が凝縮されているといえるのではないでしょうか。

特にジョットのフレスコ画の壁画には誰もが感動するはずです。信者ではない私の心さえ魅了するのですから、旅を重ねはるばるたどり着いたキリスト教の巡礼者にとっての感激はいかばかりであろうかと想像させられます。

ジョットの壁画『小鳥に説教する聖フランチェスコ』を見て、私は先刻ホテルの窓から見た風景によく似ているのに驚きました。オリーブの丘、緑の平野が広がるアッシジの風景は、そのまま宗教の持つ原風景でもあったのです。

大聖堂に隣接して、フランチェスコの最初の信者だったといわれる聖女キアラのサンタ・キアラ教会が見えます。

私はアッシジの眺めが最高といわれる大城塞ロッカマッジョーレに登り、黄昏に染まるアッシジの街を堪能して、帰途ホテルの近くの土産物店に立ち寄り、そこで数人の修道僧と店主が会話を交わしている姿に、ふと興味がそそられました。やがて、そのうちの一人、立派な法衣をまとった神父らしき人が、愛想のいい笑顔を向けて、私のお土産選びにアドバイスをしてくれました。この地の特産品は、花瓶と刺繍入りのテーブルクロスということです。金箔で模様をあしらった花瓶は重厚な感じで、神父もこれがおすすめのようだったので、それを買うことにしました。神父のおすすめ品だけあって約50ユーロと手頃な値段でした。この花瓶は日本に持ち帰り今でも使っています。どんな花にもマッチし、居間に置いても玄関に置いても不思議に存在感があります。この花瓶を見るたびに、緑の木々と光の散乱する聖なる街アッシジのたたずまいがよみがえってきます。

アッシジは、1997年に大地震に見舞われ、フレスコ画をはじめとして貴重な文化遺産も被害を受けました。その後、多数のボランティアの献身的な協力で復興が進み、元の姿を取り戻しました。2000年には、世界遺産の登録を受けています。

キリストの教えに従い清貧を貫いた聖人

偉大な人には伝説がつきものです。大衆の理想像として人々はその人を畏敬し、大衆の思い描く人物像として崇拝されるからです。聖フランチェスコにも、たくさんの伝説があります。しかし伝えられる聖フランチェスコの生涯は、神秘的というより、自然を大事にし、自然に調和し、信仰に生涯を捧げた人の優しい姿として浮かび上がります。彼は生涯を通じて、人々を神の道へ導こうと伝道のための説教に明け暮れました。

マザー・テレサはその生涯を恵まれない孤児の救済や、路上に倒れた人々の終末を看取る活動に捧げましたが、テレサは、聖フランチェスコの人生に感銘を受けて修道女の道を志したといわれています。

前述のように、アメリカのサンフランシスコ市はフランシスコ会の修道士によって命名されたのです。フランチェスコは英語でフランシスコといいます。フランチェスコの街と呼ばれていたのがサンフランシスコになったのでしょう。これだけでなく、聖人の名前にちなんだ地名は中南米にもいくつか残っています。彼の生涯がいかに偉大であったかの証拠でしょう。

フランチェスコは、アッシジの裕福な商人の家に生まれました。何一つ不自由のない境遇の中で育ったわけです。彼は戦乱の世紀に生を受けており、当時の若者が誰でもそうであったように兵隊になることに憧れていたと伝えられています。現に、彼はいくつかの戦争に出征しています。

二十歳のときに隣国ペルージャとの戦争に出征し捕虜になってしまいます。この捕虜の生活の中で彼は人生というものの本質について考えるようになりました。

約一年間の捕虜生活から解放され、故郷に戻ったある日、城壁の外を歩いていて、サン・ダミアーノ教会の前に差しかかりました。その教会は戦乱をくぐり抜け、長い間荒れるままに放置されていました。

彼は十字架を見上げ心の中で祈りの言葉を呟きました。そのとき、十字架から彼は不思議な声を聞いたのです。

「フランチェスコよ、汝《なんじ》はすぐに来たりてこの教会を建て直しなさい」

彼はそのとき、自分は神に必要とされている人間であることに気がついたのでした。フランチェスコは、父親に頼んで教会の建て直し資金を出してもらおうとしましたが、あいにく父親は長期の外国出張に出かけていて留守でした。仕方なく、店の在庫商品を売り払って教会の建て直し資金を作りました。

帰ってきた父親は彼に対して激怒しますが、彼は自分の衣服をすべて父親に返し、ふだん着一つで家を出ると托鉢の修道僧となって真の父なる神の教えに我が身を託そうと修行の旅に向かったのです。

『欲を捨て、清貧に生き、神の教えに忠実であれ』

彼の生涯はまさにそのままの生き方でした。彼は生涯、神の使者として清貧と愛の布教に忠実に生きました。

ガイドブックに記されている彼の伝記に目を通して、私はコムーネ広場に通ずるなだらかな坂を登りました。広場の散策を気ままに楽しみながら、次に向かったのは聖女キアラの眠るサンタ・キアラ教会。ピンクと白で縞模様になっている教会は修道女の修行場所にふさわしい建物です。しかしこの教会にキアラは住んでいたわけではなく、キアラは、フランチェスコに託されたサン・ダミアーノの質素な教会でその生涯を終えています。キアラの没後彼女を顕彰するためにアレクサンデル四世によって建設されたのがサンタ・キアラ教会です。

聖女キアラは周知のように、聖フランチェスコの最初の弟子といわれています。後に女子修道会の院長になりました。彼女も裕福な貴族の家庭で育ちましたが、十六歳のとき、フランチェスコの教えに心打たれて両親の反対を押し切って家庭を捨て、修道女として生きる決心をしました。

教会の見学もその来歴を知ってたどると、聖人たちの伝道の情熱と神の教えを守って生きた人たちの精神の強靱さがじんわりとしみこんできます……。

饒舌な運転手には日本人のガールフレンドが

翌日、ホテルにタクシーを呼んでカルチェリの庵《いおり》に出かけました。何百年も前から変わらない状態で、小さな礼拝堂と小さな寝室がありました。聖フランチェスコはこの質素な庵で、瞑想と祈りの生涯を終えたといわれています。聖人の祈りによって湧き出たといわれる井戸が残されていました。

イタリア中部のこの辺りの人は、信仰が篤いためか、それともシャイなのか、控えめでどちらかというと口数が少なく、観光客としては面白味が少ない気がします。

ところが雇った運転手は明るい人柄でおしゃべりでした。私が驚かされたのは、日本人のガールフレンドがいるという言でした。

この手の話は外国旅行をしているとよく聞く話なのでマユツバということもあります。それで私はすかさず「彼女の名前は？」と聞きました。

「カズコ」とオウム返しの返事がありました。名前も日本人らしく、案外この話は本当かもしれません。

「一年に二回は会っている……」

運転手は軽く言い放ったのです。

興味を持った私は根掘り葉掘りの質問攻めです。彼はむしろ得意そうに答えました。彼の話によれば彼女はバリバリのキャリアウーマンらしいのです。五年前、彼のタクシーに乗ったのがそもそもの馴初めだというのです。

「私だけではない。アッシジの運転手仲間には他にも日本人女性と付き合っている者もいるんだ。その中の一人は結婚していて、彼女はこの街に住み着いている」

この手の話はヨーロッパ旅行をくり返していると何度か聞かされる話ではありません。それにしても日本人女性は、そんなに手軽に知り合った男性とデートをくり返してガールフレンドになり、毎年会いにやってくるのでしょうか？

私はパリでもマドリッドでも日本人ガールフレンドがいるという話を聞かされました。確かに他のアジア人女性と比べると日本人女性と知り合って付き合っている男性が多いようなのです。昔、私が中学生の頃、三十代後半の教師が、社会科の授業中に大真面目に言ったことを思い出しました。

「日本女性は大和撫子で、世界の中でも人気がある……。いい女性はどんどん外国人男性に奪われて、そのうちに日本は衰退していく可能性だってある。日本人男性は心しておくことだな……」

敗戦に痛手を受けていた教師は真剣な面持ちで語ったのです。この教師は生徒にも信望が厚い人でした。それからわずか半年後に公認会計士の試験に合格し、卒業式を待たずに退職していきました。この教師、私たち生徒の人気は絶大で「先生やめないで！」と必死に懇願したほどでした。

私は内心、彼の「大和撫子論」は時代錯誤の滑稽な妄想と教師の杞憂を笑っていたのですが、数年後に岸恵子さんがフランス人の映画監督と結婚したというニュースに接したとき、あの日の教師の言葉を思い出したものです。

私も国際結婚をした一人ですが、夫のプロポーズを受けたとき、半ば冗談で「また一人、大和撫子が外国人に奪われる」と思って一人笑いをかみ殺しました。

しかし、私の場合は、日本人男性とせっかく見合いしようと思ったのに、外国生活の長いキャリアウーマンは家庭的ではないだろうとの理由で、相手がしり込みしたのですから、外国人男性と結婚したのも仕方がなかったわけです。タクシーの運転手と話しているうちに、四十年前の私の思い出がよみがえってきます。

当時、日本はまだ保守的で、アメリカに単身乗り込んでいった私たちに対しての世間の評価は「大和撫子も変わった」というようなものでした。アメリカで活躍している男性たちさえも、半ば否定的な目で私たちを見たものです。

当時は就職するにしても「親元から通勤するのがまともな女性」という考え方が世間の常識でしたので、外国生活を体験した女性なんてとんでもないというのも当然すぎる話です。

70年代に大量輸送時代を迎え、日本の誰もが外国に気軽に行けるようになったのはやはり大きな社会変化ということでしょう。現代は、大和撫子なんて言ってはいられない、地球は一つの時代です。

聖なる地、アッシジで思いがけない感慨にふけることになった私でした。タクシーを降りるとき、運転手は日本語で「お気をつけて」と言いました。ガールフレンドのカズコさんに教わった言葉かもしれませんね。

10 素朴で誠実なホテルのオーナー
―北イタリアのマントヴァで―

旅先のちょっと心が温まる話

2008年の夏、ミラノを起点にして、北イタリアの何ヵ所かを気ままに旅したことがあります。

ベルガモは、チッタ・アルタと呼ばれるヴェネツィア共和国時代の丘の上の城塞都市と、丘の麓に開けたチッタ・バッサと呼ばれる新都市街に分かれた、新旧のコントラストが絶妙な近代都市です。ベルガモの観光を堪能した私はマントヴァに入りました。

ミラノからの旅は鉄道でしたが、マントヴァまでは特急列車がないため、各駅停車に乗りました。「北イタリア」とはいえ、内陸部の暑さには閉口です。おまけに、列車のドアは固く、か弱い（自己申告）女の腕では開け閉めに苦労しました。各駅停車で二時間半の旅。若いときであれば旅の途中の苦労も楽しい思い出になるのですが、還暦を過ぎてからの旅行では、どんな小さな困難にも辟易するものです。

東京を出発する前に、マントヴァの案内書を探したのですが、見当たらず、『地球の歩き方』というガイドブックに少し出ていました。そのページをコピーして持参していたので、列車を降りるとすぐ、本に紹介されていた〝ビアンキ〟というホテルを予約しました。駅前の古びたホテルです。

ホテルのフロントはスペースも狭く、少し暗い感じですが、料金は驚くほど安いのです。確か50ユーロ以下だったと思います。それにホテルマンもとても感じのよい応対をしてくれました。

何度も乗り降りした列車の旅の疲れが出たらしく、夕食をホテルの食堂で済ませると、早々にベッドにもぐり込みました。夜中に何度か目が覚めたものの、駅前にもかかわらずとても静かで、すぐに眠りに引き込まれていきます。快適な眠りを十分にむさぼり、目が覚めたのは何と10時過ぎ。一瞬〈朝食の時間は終わったかな……〉という思いが頭をよぎりました。早めの昼食を市街に出て食べればよいと心に決め、目覚めとともにコーヒーをと思い、下に降りていくと、昨日応対してくれた素朴な感じの

好青年が、笑顔で近づいてきて、

「ゆっくりお休みになれましたか？」

たどたどしい英語で話しかけてきました。

「ええ、ぐっすり眠りました」と私。

「それは結構でした」

青年は嬉しそうに笑って両手を広げました。

「朝食の時間は過ぎたのでしょう？」

「いいえ、すぐにご用意いたします」

「遅いのにすみません……」私が恐縮して言うと、彼は感じよく首を振って、

「遠い日本からわざわざおいでいただいたのですから、できる限りのサービスをさせていただきます。ご遠慮なく何でも申し付けてください」

「遠い日本からわざわざおいでいただいて……」という言い方に、すごいいたわりが込められているのを感じました。

チーズやサラダ、パスタ、パン、ミルク、コーヒーという手軽ではあっても、心のこもった朝食を終えて私はとても満足でした。

シャワーを浴びて化粧を済ませ、観光のために再び下に降りていくと、私のために

観光用の地図を用意していて、一生懸命に英語で説明してくれるのです。

「この街は何度も洪水に見舞われましてね。街の主要な建物もドゥカーレ宮殿も幾度か改装しているんです。それでも昔、栄華を誇っていた頃のようには、まだまだ進んでいません」

確かにマントヴァは、メッゾ湖、インフェリオーレ湖などの湖に囲まれているので、洪水で水浸しになるのは、この街の地理的な運命なのかもしれません。言われてみるとなるほど、観光地の内部が何となくかび臭いのも、気のせいだけではなさそうです。

マントヴァが世界遺産に登録される前、外国人観光客の中で一番のお得意さんはドイツ人でした。オープンレストランに入ると、店内で交わされている言葉はドイツ語でした。マントヴァにドイツ人観光客が多いのは、歴史的にしかるべき因縁があるためといわれています。ルネッサンスの立役者といわれたマントヴァ公爵夫人のイザベッラ・デステは、この地に芸術的サロンを作ることなど、ヨーロッパ各地から大芸術家を招聘して、芸術の発展に寄与しますが、ドイツやオーストリアからも、モーツァルトをはじめとする多くの芸術家が、マントヴァに居を移して活躍したと伝えられています。

ミラノの東方に位置し、三つの湖に囲まれた歴史の街がマントヴァで、ロンバルディア州に属しています。

ここはトウモロコシの産地としても有名です。

私は旅の間中、トウモロコシで作られたパスタを注文しては、その美味しさを堪能していました。

私がマントヴァを訪れたのは２００８年でしたが、世界遺産に登録されてからは、日本からの観光客も訪れるようになりました。しかし私にはどこまで修復作業が進んでいるのか、見当がつきませんでした。修復に大金がかかるということで、州知事が頭を痛めているというような記事を読んだ覚えがあります。

めぼしい所を一通り観光してホテルに戻り、ロビーでくつろいでいると、そばのソファに座っている老婦人が、私に顔を向けて微笑み、話しかけてきました。

「息子は本当によく働くんですよ。でもこのホテルの経営は大変なんです。いつもどこかを手入れしなければならないので、お金がかかって困ります」

老婦人は、優しい笑顔でちょっぴり愚痴をこぼしました。

彼女の言葉で、あの感じのよい青年が、このホテルのオーナーであることが分かりました。

青年はきっと、この老婦人の夫の後を継いでオーナーになったのだろう、と私は勝手に解釈。青年のデリケートで客に対する思いやりのある気配りは、オーナーとしての立派な自覚だったのだと思うと、何かいじらしい気持ちになりました。

水を買うためにバーに行くと、例の青年オーナーが出てきて、グラスに水を注いでくれました。「わざわざボトルを買う必要はありません。水はいくらでもサービスします」青年オーナーがにこやかに言いました。

ホテルは家族だけで経営しているためか、フロントに座っている男性以外には、従業員は見当たらず、彼だけが機敏に動き回っているように見えました。客室も少なく客も少ないようですが、それにしても客の一人一人に対する気配りが行き届いていて、とても感じがよいのです。

そんな彼の孤軍奮闘ぶりとは対照的に、フロントの中心部でのんびりとくつろいで新聞を読んでいる女性は、どうも彼の妻らしいのです。彼の感じのよさとは対照的に、とても愛想が悪いのです、夫唱婦随という言葉とは裏腹に、二人は何もかも違いすぎます。ルックスにしても、夫はずば抜けて端正なのです。どうしてこの女性と私は首をかしげるばかりです。

人間の好みなんて案外当てにならないものなのかも……。あるいはホテルの仕事は大変で、現代っ子のイタリア女性にとって、小さなホテルのオーナーの妻になることは、敬遠されがちなのかもしれない、などと想像はとどまることを知りません。

チェックアウトの時に、青年オーナーが私に聞きました。

「どうして当ホテルをご利用なさったのですか？」

「日本で刊行されている『地球の歩き方』という本があって、その中にこのホテルが紹介されていたのです」

「そうですか、それは光栄です。それならもう10％値引きいたします」

値引きなしでもとても安価なのに、その上値引きしたら、ますます経営が大変だろうと、私のほうが気がかりになってしまいます。お母さんから経営の苦労話を聞いていただけに、よほど辞退しようかと思いましたが、彼の好意をこころよく受けることにしました。このイタリア田舎町を訪れた遠来の客である日本人にできる限りのサービスをしようとしている彼の気持ちが伝わってきて、何かほんわかとした気分になりました。

さわやかな彼の笑顔やサービス精神は、癒し系に属しており、旅人にとっては最高のもてなしとなっています。そういう意味で、彼がホテルのオーナーであることは、まさに天職かもしれません。

いつの日か、家族や友人たちを連れて、再びこのホテルに宿泊したいと願っています。

11 トスカーナ州の旅

―モンテカティーニ・テルメを訪ねて―

モンテカティーニ温泉で命の洗濯

日本と同様に火山が多いイタリアでは、古代ローマ時代から、人々は温泉（テルメ）を楽しんできました。ここモンテカティーニに本格的な温泉設備ができたのは、18世紀の後半。時のトスカーナ大公、ピエトロ・レオポルドが、温泉の様々な治癒効果を検証し、施設の建設を指揮。以後、この地はさらに音楽や文化のサロンへと発展。ヴェルディやマスカーニ、レオンカヴァッロ、プッチーニ、ロッシーニをはじめ、世界各地から著名人が訪れました。フランスのファッションデザイナー、クリスチャン・ディオールもここに滞在し、１９５７年にこの地で亡くなりました。また往年の女優で、モナコ国王妃になったグレース・ケリーも、毎年ここの温泉に通ったそうです。

この温泉へのアクセスは、フィレンツェから電車で一時間足らず。モンテカティーニ・チェントロ駅で下車すると、もうそこから温泉公園ともいうべき広大な緑の敷地が広がり、のんびり散歩を楽しんだり、ベンチで読書するのに最適です。

私はスーツケースがあるので歩かずに、タクシーでホテルに行きました。三食付きで三泊します。

夕食時に食堂へ行くと、ヨーロッパからの団体客、特にドイツ人が多く、個人としては私の他、年配の男性一人、それにイギリス人の中年カップル。

団体と個人とは完全に距離を置き、私たち個人組の三つのテーブルも、人が無理なく通れるほどの空間が保たれていて、快適です。

ウエイターは、チェックインのときに関わった、英語にもドイツ語にも堪能な年配の男性。彼は気遣いが細やかで、ロースト・ビーフを切り分けてサービスするタイミングなど申し分ありません。また笑顔がステキで、人をリラックスさせる魅力を持ったフローレンタイン（フィレンツェっ子）でした。

「温泉で汗を流す」というと、日本では「一風呂浴びる」のとほとんど変わらないニュアンスがあります。しかしイタリアの温泉施設は、基本的に療養施設となっています。

「グロッコ」という施設は温泉プールで、自由遊泳ができます。私はタオル、サンダル、水着など、必要なものはすべて貸し出しを利用しました。ロッカーも更衣室も完備していて、何の不自由もありません。

水着に着替えた後は軽くシャワーを浴び、プールに入ります。水温は37度程度。ぬるめで硫黄の香りがかすかにあり、塩辛い味。「泳げるプール」といっても、競泳のように全力で泳いではターンを繰り返すためのものではありません。重力を受けない水中での運動や歩行といったところでしょうか。細長い発泡スチロール製の「浮き」も用意されているので、これを使ってプカーと浮いているだけでもいいのです。

長時間このプールにいた、たった一人の東洋人だったので、私は稀少生物みたいに、みんなに注目されてしまいました。

ところで、ここの温泉街のシンボル的存在の温泉施設はテットゥッチョ。「つかる」のではなく、「飲む」温泉なのです。

豪華な装飾を施した宮殿のような建物で、内部も、美と芸術を追求した壁画や彫刻を駆使した優美な造りになっています。

サロン風の部屋ではミニコンサートが開かれ、ライティングルームも舞踏会場のような雰囲気です。トイレ棟まで目を疑うような華麗な造りで、広さもゆったり。しかもトイレの数は実に千以上に上るのです。

「温泉水を飲む」だけなら、これほど贅を尽くした建物はいらないはず……？　〝著名人が数多く訪れている……〟を思い出して、やっと納得。王侯、貴族、歴史に名を残した著名人、あり余る資力を持つ人々が、療養や休息、バカンスのために長期滞在するためには、優雅で心身ともに癒される環境作りが必要だったのではないかと。治療というよりも、娯楽や社交の場といった感じです。

宿泊先のホテルの支配人は、何日も続けて鉱泉を飲む場合は、「医師の診断書が必要」と言ったのですが、私はどうしても試したい気持ちを抑えることができませんでした。

食事をした後で飲泉してはダメ、ということを知っていた私は、受付で「朝食をとりましたか？」と聞かれ、「No」と答えると、入場券が買えました。

施設に入って、目盛りのついたガラスのコップを受け取り、広くて長い廊下に出ると、ずらっと複数の蛇口が並び、温泉水が流れ出ています。それはともかく、この空間も豪華さに目を見張ります。天井も壁も水道施設も、美しい絵や模様、装飾が施され、中世の芸術に迎えられたようなのです。

温泉水をよく見ると、「Tettuccio」「Regina」「Leopoldine」など、異なる源泉が流れ、さらにそれぞれ熱い温泉水と冷泉水という、二つずつの蛇口がありました。

ワケの分からない私は、なめる程度、ちょっとだけ飲んでみる程度で試しましたが、塩辛いものや硫黄のような風味のものなど、非常に成分が濃いというのが実感。

温泉に「つかる」「飲む」の次に体験したのは、「ファンゴ」と呼ばれる泥パック。モンテカティーニ・テルメでは九カ所の施設で、温泉プール、マッサージ、サウナ、オゾン浴、鉱泥パックなどを組み合わせたプログラムを用意しています。

鉱泥はミネラルが豊富で体によく、美肌効果にも優れていることで有名です。グレース・ケリーが通ったエクセルシオールで、私は一日だけの全身パック、マッサージを受けました。世話をする人たちは、しきりにNaturale（天然、自然）という言葉を連発していましたが、一日だけのコースでも、肌がしっとりした感じで、十分に効果があったような気がしました。

モンテカティーニ・テルメには、こうした温泉施設の他に、二百以上のホテルと洗練されたブティック、レストラン、カフェ、各種スポーツ施設、コンベンションホールなどが整い、二千年の歴史の中で脈々と時を刻んできたのです。

12 イタリア統一まで独立を保ちえた都市
—ルッカ—

郷土色豊かな料理が味わえる

トスカーナ地方といえば、食いしん坊の私の目に浮かぶのは、郷土料理。アンティパストという前菜には普通、生ハムやマリネ、カルパッチョなどが使われますが、クロスティーニ・トスカーニは、チキンとレバー、アンチョビ、ケイパーなどをバターと混ぜ、香草と一緒に薄切りのパンに乗せて食べます。一度食べたらもう病みつきに。

また、赤ワインでじっくり煮込んだイノシシの肉を使ったパスタとか、ジュワーとあふれでる肉汁とその柔らかさに感動せずにはいられないアリスタアルフォルノ。これは中世から続いている伝統料理で、豚の背肉をハーブと一緒に焼きあげた一品。

大部分が丘陵地帯で占められているこの地方では、豆、野菜、キノコ、野ウサギなど、季節の旬な食材が使われ、料理に合わせたワインも揃っていて、その味を一層引き立たせています。

ルッカの芸術と建築

ルッカはイタリアの諸都市と同様に、紀元前の時代から、他者からの様々な支配を受けてきました。しかしそのたびに市民が一致団結し、自らの抵抗運動で、自主独立の道を歩んでいったという、「市民が優勢を勝ち得た都市」としての誇り高い歴史を持っています。

11世紀以後は、コンスタンティノポリスと並ぶ絹の生産交易地として繁栄を謳歌。1861年に、イタリア統一運動における住民投票で、イタリア王国に組み込まれました。街の特色は、周囲4キロメートル余りを城壁で囲まれた城塞都市で、旧市街には塔や聖堂、宮殿など、中世に建てられた建造物がいっぱい。特にルッカ様式と呼ばれるロマネスク様式のルッカ大聖堂やサンミケーレ教会は、華やかな外観に彫り物が多く施されていて、観ていて飽きません。

19世紀の作曲家、ジャコモ・プッチーニの生家も、博物館になっています。

プッチーニ　そのドラマチックな生涯

ルッカ市内観光で、プッチーニ博物館へ行ったとき、案内をしてくれたガイドが、面白い話をしてくれました。要約すると、

（1）『マダム・バタフライ』（蝶々夫人）はプッチーニの代表作だけれど、プッチーニは日本へ行ったことがなく、ロンドンで演劇の舞台を観たことがきっかけでオペラを作った。

（2）ルッカの街には、〝マダム・バタフライ〟という名のカフェがいくつかある。

（3）彼がいかにプレイボーイであったたか。

（4）ハンサムでいつも仕立てのいいスーツを着ていた。

（5）服の仕立ては必ずミラノまで行って注文。

（6）夫人も、友人の妻を寝取って自分のものにした。

何やら平穏な人生という感じではありません。彼の胸像を見ても、確かに美男子で、人を虜にしてしまうような強烈な魅力と強引さが感じとれます。

それまで私は数えきれないほどオペラを観てきました。当然、『蝶々夫人』だけでなく『マノン・レスコー』や『トゥーランドット』など何度も鑑賞していながら、プッ

チーニ個人に関して興味を持ったことは一度もありませんでした。しかし調べてみると、いろんな発見が続々……。

プッチーニは父祖代々の音楽家の家系に生まれ、音楽の道に進むのですが、父が早世し、母も1884年に死去。まもなく彼は、人妻のエルヴィーラと駆け落ちします。彼女は友人の妻。しかもその友人に頼まれて、プッチーニは彼女に声楽とピアノを教えていたのです。

二人はミラノで同棲生活を始めます。結婚はできません。というのはカトリック教徒であるため、離婚は許されないから。エルヴィーラには二人の子供がいて、そのうちの一人、フォスカという女の子を連れていました。

プッチーニ二十六歳、エルヴィーラ二十四歳。そして二年後には男の子、アントニオが誕生。一時一家は困窮したものの、『マノン・レスコー』で大成功。『ラ・ボエーム』と続きます。

プッチーニは1900年6月にロンドンで、演劇『蝶々夫人』を観て啓発され、オペラ化に向けて尽力。身の回りは、日本とアメリカの資料で埋め尽くされていたということです。

ひとまず『トスカ』を完成させ、『蝶々夫人』も作曲の大半が完成した1903年

2月。喉の病気をルッカの専門医に診てもらうため、妻子とともに愛車でやってきていました。友人である医者は、「霧と霜で道路が滑りやすく危険だから、泊まっていくように」と勧めましたが、『蝶々夫人』に取り掛かっていて仕事に集中できる貴重な時間が夜だったため、プッチーニは医師の忠告に逆らって急いで家路につきました。

　ルッカから6キロのところで、運転手が運転していたプッチーニの車は急な曲がり角でスリップし、堤防を乗り越えて15メートル落下。妻子は無事でしたが、外へ放り出された運転手は大腿部を骨折する大けが。プッチーニは、ひっくり返って車体に下敷きになって気絶したまま、ガソリンの排気ガスを吸って、窒息状態で発見されました。運よく、その近くに住む医者が駆けつけてその医者の自宅へ運ばれすぐに処置が施されました。プッチーニは右の大腿部の骨折と全身打撲と判明。翌日モーターボートで、トッレ・デル・ラーゴ湖畔の自宅まで運ばれ、骨折の手当てを受けたものの、数日後に骨のつぎなおしをし、結局、八ヵ月の入院生活を余儀なくされました。軽い糖尿病にかかっていることも発見され、以後彼は片足が多少不自由になりました。

　春になり、看護されながら車椅子でピアノに向かえるようになると、不断の努力の末、ついに1903年に『蝶々夫人』の全曲を完成させました。折りしも、二十年間同棲してきたエルヴィーラの夫が死亡したため、二人は結婚。それまで私生児扱いだった十八歳のアントニオも正式に入籍。これで穏やかな未来が約束されたと思われました。あの自動車事故の直後に、十六歳のドーリア・マンフレディが小間使いとして雇われました。主な仕事はプッチーニの付き添いや世話で、夫妻にもよく仕え、気に入られもしていました。彼女はトッレ・デル・ラーゴという田舎の娘で、性格は優しく働き者でした。

それから五年経った1908年初秋のある日。エルヴィーラは、夫とドーリア・マンフレディとの関係を疑い始めたのです。そしてすぐさま行動に出ます。

逆上したエルヴィーラは、ドーリアに激しく追及しては、なじり、近隣にも二人の関係を触れ回り、とうとう小間使いの娘を解雇してしまいました。夫はきっぱりと否定しているにもかかわらず、エルヴィーラはこれでも満足しません。ドーリアが住む村まではるばる出かけては、村中に夫と彼女との関係を言いふらし、道でばったり彼女と会うと、あらん限りの悪口罵倒の攻撃をやめませんでした。修羅を燃やすエルヴィーラに手が付けられなくなったプッチーニは、いたたまれなくなってパリへ逃亡しました。

1909年1月23日。エルヴィーラの度重なる凄まじいいじめに耐えられなくなったドーリアは、錯乱状態に陥り、ついに自宅で三錠の毒薬を飲んで自殺を図り、五日後に死亡しました。

　検視が行われ、その結果、彼女が処女であることが証明されたのです。ドーリアに向けられていた世間の攻撃と非難は、今度はエルヴィーラに。そしてドーリアの家族はエルヴィーラを告訴。プッチーニは金で解決を申し出たものの家族は拒否。妻は息子のアントニオとミラノに行って仮住まいをし、夫は湖畔の静かな自宅にとどまっていました。その数ヵ月、プッチーニは哀れな娘の幻影に悩まされることになります。

　１９０９年６月16日に裁判が開かれ、７月６日の判決で、名誉棄損の中傷と生命並びに身体に対する脅迫の三点により、エルヴィーラは有罪に。五ヵ月と五日の懲役と損害に対する７００[*1]リラの罰金、全訴訟費用の支払いが命じられました。

　ところが被告のエルヴィーラに全く反省が見られなかったどころか、検視や裁判の結果も認めず、夫に対してますます不貞を責め立て、ののしるばかり。しかもやったことといえば、彼女の求めに応じて弁護団が控訴したのです。

　こうなると、プッチーニも泥沼に足を引きずり込まれるばかり。彼は他に策がないことを悟り、[*2]ドーリアの家族であるマンフレディ家の遺族と直接話し合いをもち、エルヴィーラに科された罰金の倍近い金額一万二千リラで示談に持ち込みました。先の裁判でドーリアが潔白だということが証明されたこともありマンフレディ家も示談に応じ、ようやく、この事件は決着しました。

もともと激情型で独善的なプッチーニも、この事件のショックは深く心に刻まれ、自ら死を選んだドーリアの哀れな運命は、『修道女アンジェリカ』のタイトルロール役に、また『トゥーランドット』のリュウ役として、作品の中で昇華されることになります。一方、残虐なエルヴィーラの姿は、その両作品の中で、悪役として登場します。

エルヴィーラはもともと心の狭い、しかも傲慢で猜疑心の強い破滅型の女性でした。けれどもプッチーニのほうも、遊び好きで交際が多く、妻に対して仕事には一切関らせなかったし、出張する都市や外国にも同伴させませんでした。

激情型、支配型、傲慢という、柔軟性に欠ける点で、二人の性格は一致していました。いわゆる似た者夫婦です。夫を完全に私物化し、支配することがかなわないので、妻のプライドは深く猛襲を募らせていったとき、ドーリアを攻撃することで、うっぷんを晴らす好機を得たのでした。

1924年2月。プッチーニはのどの痛みと咳に悩まされ、リューマチ系の炎症と診断されました。しかし問題なしと言われたので、オペラ『トゥーランドット』の作曲は順調に進み、最後の愛の二重唱とフィナーレを残すのみとなりました。9月には、スカラ座の芸術監督トスカニーニが彼を訪ね、翌年春の初演に向けての打ち合わせをし、10月にはスカラ座のリハーサル室で会合が持たれました。

その後プッチーニの病状はひどくなり、家族には内緒でフィレンツェの専門医に赴いて診察を受けました。その結果、良性の乳頭腫と診断され、それを息子のアントニオにだけ伝えました。アントニオは直ちにその医師に連絡し、プッチーニが咽頭がんで、すでに手遅れであることを聞き出しました。

彼は父の延命のために力を尽くします。三人の専門医を自宅に呼んで、診察させました。結果、X線治療が唯一の急速な病気の悪化を防ぐ手段であると告げられました。この治療ができるのは、当時ヨーロッパでは二ヵ所だけ。

1924年10月。入院する前に、プッチーニはミラノでトスカニーニと会い、さらに『トゥーランドット』の打ち合わせをしました。そして翌月、ブリュッセル・クーロンヌ付属病院で、ラドゥ博士の治療を受けるために出発。同行したのは息子のアントニオと養女のフォスカ、リコルディ社のクラウゼティの三人。エルヴィーラには病気の事実を知らせていませんでした。

プッチーニは、『トゥーランドット』の最後の愛の二重唱とフィナーレのスコアの草稿三十六ページ分を持参していました。彼はこの長旅の汽車の中で、ひどい吐血をしました。以後X線治療が始まり、プッチーニは毎朝のように、どす黒い血を口いっぱい吐いているものの、かなり自由に外出を許され、モネ劇場で、自作の『蝶々夫人』を観ています。

治療が第二段階に入ると、首に穴が開けられ、七本の針が内部の腫傷に差し込まれました。三時間四十分の治療、そしてそれから三日間、患部の激しい痛みが続き、鼻から流動食が注入されました。

四日後、プッチーニは治療中に突然、心臓麻痺を起こしました。即座に針は除かれ注射が打たれましたが、苦しみは十時間も続き、１９２４年11月29日の朝４時に息を引き取りました。

イタリアは、国を挙げて喪に服し、半旗が掲げられ、スカラ座は閉ざされました。

＊1『ジャコモ・プッチーニ　生涯と作品』Ｊ・バッデン 著　大平光雄 訳　春秋社　２００７年
＊2『プッチーニ』南條年章 著　音楽之友社　２００４年

コラム

ロス空港の不審物発見騒ぎ

2001年の同時多発テロ以後、アメリカの警備当局は、かなり神経質になっています。偶然ですが、私と娘はテロ発生の三ヵ月後にロスに向かって飛び立ったことがあります。

私と娘は無事定刻通りにロスの空港に到着しました。入国審査も終了し、自分のスーツケースを受け取り、いよいよこれから税関の手続きというときに空港内に緊急のアナウンスが響き渡りました。

「ただ今空港内にて不審な荷物が発見されましたのでそのまま待機していてください」

空港内には言い知れぬ恐怖と不安が立ち込めました。何しろ、あの悲惨で生々しいテロが起きて三ヵ月ほどしか経っていないのです。誰もが「またか!」と思ったとしても無理からぬことでしょう。

「おお、神よ!」と呟いて祈っている老婦人がいます。

「私、死ぬのは嫌だわ」

十七歳の娘は青ざめた顔で呟いています。

それから三時間もの長い間空港の中に閉じ込められていたのですから、人々の恐怖感は頂点に達しました。私は十六年間世界中を飛び回っていましたが、こんな恐怖に遭遇したことはありません。一度エンジンが火を吹いた飛行機に乗り込んだことがありますが、このときは目前に死の恐怖が押し寄せてきているので無我夢中でした。それにCAとしての職業的使命感のようなものがあるので怖さの質がまるで違います。今は、私は単なる旅行客です。それに恐怖の実態が全く分からないのです。危険物が見つかったというだけで、何が何だか分からないまま閉じ込められているのです。飛行機は怖い、アメリカは怖いという先入観に「それ見ろ！」「やっぱり！」とでも言うような事件が起きたというわけです。

折りしも、朝のラッシュ時で世界中から飛行機が続々と到着し、空港ビルに人はあふれ返っています。

やがて甲高いアナウンスが告げられました。

「全員荷物をそのままにして、空港に隣接する空地に退去せよ」

それほど広いとはいえない空地は混雑する人々で立錐の余地もないくらいです。身動きも儘にならないほどです。まさにタイタニックの混乱を彷彿とさせます。

このまま行けばパニック状態です。

〈だから私はこの旅行は気が進まなかったのに！　ポールがいけないんだわ〉

私は、ついつい、この旅を企画した夫に怒りの矛先を向けます。

〈私はイタリアに行きたかったのに……〉悔しさが湧いてきます。

やっと誰かのいたずら電話の仕業と判明し、再び空港に戻されましたが、私の不満はおさまりません。

アメリカで仕事中だった夫から「来年の正月はラスベガスで過ごそう」という提案があったのはその年の夏の終わりでした。まあ、それも悪くないかと、そのときは思ったのですが、旅の予約をした直後、あの忌まわしい同時多発テロが勃発したのです。

慌てて予約先にキャンセルをしたのですが、夫はアメリカに私たちを呼びたい気持ちは変えていませんでした。

「両親とクリスマスが過ごせるのはこれが最後かもしれないからね……」

両親は、当時すでに八十歳を過ぎており、アメリカ人にしては長命を保っていました。夫にしてみると、両親と過ごせるクリスマスには特別の思いがあったのも理解できることでした。

「このような時期だからこそ、ホテルも飛行機も楽に予約できるんだ。テロリストの圧力に屈しないためにも、このようなときにこそ勇気を持って旅に出かけなければならない」

夫の変な理屈に説得されて12月の半ばにテロの混乱の余韻濃厚なアメリカへと旅立ったのです。そして、空港で味わった恐怖体験。夫に恨みの一つも言いたくなるというものです。ちなみに、夫の両親は九十歳になった今も健在で庭の芝生の手入れなども怠りなく元気に暮らしています。

13 古代と現代が混在した郷愁の街並み
―妖精に由来するアマルフィ海岸―

中世と錯覚させる異次元的世界

ナポリから南へ50キロ下った辺りの、ティレニア海に突き出た小さな半島の先。そこが『帰れソレントへ』にうたわれている有名なソレントです。そこからサレルノまで、絶景の海岸線が続いていて、その一帯をアマルフィ海岸と称し、世界遺産にも登録されています。まるで中世にタイムスリップしたような美しい街の景観が、リアス式海岸に散りばめられているのです。

海岸線は複雑に入り組み、右へ左へと曲がりくねっています。道路の中には、ストレートで道幅も広く、スムーズに走れるところもありますが、多くは狭いS字状の道なのです。ホッとする間もなく曲がりくねり、小刻みに変化する道がしばしば行く手に現れます。

ドライバーは大いに神経を使うわけですが、否応なしに目に飛び込んでくる海岸の風景に、ふと緊張感も和らぎます。燦々と降り注ぐ太陽の光の粒をいっぱいに吸い込んだ透明でコバルト色に彩られた海や、次々に展開するエメラルドのような緑をたたえた海の水は、どこまでも透き通り、真近で見ると、白砂がキラキラした波の下に広がっています。

海だけでなく、陸地もまた独特の景観を見せてくれます。天に向かってそそり立つ岩山の中腹に建てられた白い家々や、メルヘンの世界を思わせる不思議な塔。まるで中世に逆戻りしたような街が次々に現れます。それは時が制止したような、異次元的な風景です。

そんな海岸線の一つの街、ポジターノを訪ねました。米国人作家のジョン・スタインベックが雑誌に紹介して以来、欧米の人々が訪れるようになったといわれています。中世風の街並みが、入江から這うように山の斜面を埋め尽くしています。家々は白やパステルカラーで彩色されていて、透明な太陽の光を浴びて輝いています。その美しさは、どこかで見たことのある名画の風景のよう。

ホテルや土産物店も中世風の凝った造りで、デコレーションもなかなかお洒落です。高級リゾート地帯という趣で、映画スターや画家の別荘もあるということ。確かに離れた場所から眺めると、全体としてまとまった絶景なのですが、街の裏通りに入ると、車も通れない細い路地や階段が入り組んでいて、便利な生活とはほど遠い感じがします。けれども、そこはまた人間本来の自由で自然な生活だともいえそうです。暖かい気候、澄んだ空気や水、新鮮な海や山の幸に恵まれているのですから。

何しろ、海の美しさはこの世のものとは思えないほどで、海神ポセイドンが愛した妖精のために、この海を作ったという伝説もあるくらいです。

イタリア最古の海運共和国アマルフィ

私が次に滞在していたのはアマルフィ海岸沿いに開かれた街で、その名もずばりアマルフィ。海岸沿いの街はいくつかありますが、規模においても歴史的特異さにおいてもダントツで、神秘とロマンに満ちた街なのです。とにかく一歩街に入ると、何ともいえない風格に魅了されます。古い街の持つ重厚な雰囲気が、街の至る所に漂っているのです。アーチ形のくりぬきが続く堅牢な護岸、整然とたたずむ大きな建造物、街のランドマークである巨大聖堂、二つの山の谷あいの崖を這い上がるように、建物が根を張っています。

アマルフィは、10世紀から11世紀にかけて地中海に君臨した、イタリア最古の海運共和国として知られています。ヴェネツィア、ジェノヴァ、ピサとともに、四大海運共和国だったのですが、アマルフィはその中でも、最も早く繁栄の時期を迎えました。イタリアがイスラム世界と交易を始めた時代、アマルフィは重要な港として君臨していました。交易による莫大な富が流入してきて、貴族や商人などの富裕層が、贅を尽くした生活をエンジョイしていました。しかし、その繁栄を誇った往時の都市は、地震や津波の災害により、大半が海底に没してしまいました。

現在のアマルフィは、その役割を変え、新たな観光地として、またリゾートとして、世界中の人々の注目と関心を集めています。

この街の象徴は中央にそびえる大聖堂。アラブ・ノルマン様式の建造物で、正面にはカラフルなモザイクの装飾が施されています。この聖堂が落日を浴びるとき、その輝きをさらに増してまばゆいばかりです。内部は天井画やレリーフで飾られていま す。殊に富裕層の墓として建設された「天国の回廊」は、二つの白い円柱に支えられたアーチが交差するアラビア風の柱廊で、素晴らしい建築美を表現しています。

大聖堂から延びる通りやジェノヴァ通りや、建物の間に入り込む細い道、白壁の間の坂道などをゆっくりたどります。土産物店も軒を連ねています。店を覗いたりカフェで休息するのも旅の楽しみです。

隠れ家的ムードが濃厚なリゾート

このアマルフィは、ローマ帝国時代から愛されてきた、イタリア南部随一の景勝地です。とりわけ温暖な気候に恵まれており、一年のうちの九ヵ月間も、燦々と太陽が降り注ぎ、夏の間は、海から吹いてくる風が心地よい涼を運んできます。

ギリシャ神話の英雄ヘラクレスが、愛する妖精アマルフィの死を悲しみ、世界で一番美しい場所に葬ったという伝説を残すほどの景勝地なのです。

波の浸食によってできた断崖。その光景は途方もなくワイルドで、しかも芸術的でさえあります。海岸線には、目に鮮やかな真紅のブーゲンビリアが咲いています。丘の斜面に広がる段段畑、さらには、岩に張り付くように立つ白い家々……、もはや旅人の郷愁を掻き立てずにはおきません。

アマルフィ海岸沿いに点在する街は十指に余りますが、いずれも海洋帝国時代の雰囲気を今に伝えています。中でも代表的な街は、アマルフィ、ポジターノ、マイオーリ、ミノーリ、ラヴェッロなど。

ラヴェッロは、オスカー・ワイルドの原作による映画『理想の女《ひと》』の撮影が行われた街で、ローマ時代の屋敷跡や青銅など、数多くの史跡と現代の生活文化が溶け合っていて、そのまま映画のセットになるのです。

山から海へと結ばれている険しい広場の地形は、隠れ家的な気分が濃厚なリゾートを形成しています。そうした特異な環境が、多くのセレブたちに愛される理由なのでしょう。

海を見下ろすレストランで食べる新鮮な魚介類やフレッシュな野菜の郷土料理は、至福の時を演出する逸品揃いです。モッツァレラチーズや地元産の大きなレモンは、カルパッチョやパスタ料理、タルトなどにふんだんに使われ、味を引き立てています。レモンの皮をアルコール漬けにしたレモン・リキュール「リモンチェッロ」と、特産ワインにかすかな酔いを感じながら、美しい風景に酔いしれるひとときは、まさにこの世の楽園です。

14 浮かれすぎてまさかのアクシデント?!

ローマの休日

紛失した財布

２０１１年の4月のイタリア旅行は、ローマからトリノに回って、ブラやチンクエ・テッレを観光するというのが頭に描いたルートです。

私がイタリア語を習っていた講師がトリノ出身の女性で、授業の合間に、しばしば、チンクエ・テッレがいかに素晴らしい観光地であるかを熱く語っていました。彼女の話に影響を受け、憧れを抱いていた私は、いずれそこを訪ねてみようと考えていたのです。諸々の事情があり、ようやく旅が実現できたのは、２０１１年の春でした。

この年の3月、東日本大震災でイタリア旅行をやめようと思っていた矢先のこと。「せっかくプランした旅だから、ぜひ行ってきたら」と夫に勧められ実現した旅でし

た。連日余震が続いていて、すっかり落ち込んでいた私に「このようなときにこそ、好きなところでリフレッシュが必要！」と促され実現した旅でした。

予定通りにローマに着いた私は、パンナムのCA時代に常宿にしていたホテル・メトロポールに旅装を解きました。駅から歩いて四分という便利な立地条件が魅力です。それにこの周辺は知り尽くしていて、故郷に帰ってきたような懐かしさと安らぎを覚えるのでした。

いつものことながら、イタリア旅行中は歩きやすいので長年履き続けたコンフォートシューズ、それに、これまた二十年くらい前のピエール・カルダンの紺のジャケットとパンツという、垢ぬけない組み合わせの旅姿です。この出で立ちは私にとって、とても旅をするのに楽なのです。ショルダーバッグを斜めにかけても洋服が傷むのではないかという心配も無用です。

数年前に娘と来たことのあるブティックに、私はその出で立ちで入っていきました。オーナーは、私を覚えているようでした。久しぶりの懐かしさはともかく、店主や店員は私の来店をカモがネギを背負ってきたように思ったらしいのです。

「あなたにぴったりの洋服がありますよ。ぜひ試着してください」

否応なく試着室に押し込まれ、何着かを着てみることに。

その中の一着は私の心を動かしました。濃いピンクの薄手のコートで、袖は調節できるようになっていて、肩幅など私にぴったり。私はすっかり気に入ってしまい、それを買うことに。そのコートに合わせて、帽子、純白のブラウスなどをコーディネートしてもらい、一緒に買いました。

「あら、まるで別人みたい！」と店員はまんざらお世辞でもなさそうに目を見張りました。「あなたの娘さんが見たら驚きますよ。本当に別人のように若返りましたね」とオーナーも目を細めてほめてくれたのです。それから彼は「どんなよいものでも、ファッションはせいぜい三年くらいのものだね……。第一着る人の体型が変わるからね」と私に聞かせるように呟きました。

ブティックのオーナーだけあって、言うことばかりではなく、自分も白のズボンにサーモンピンクのセーターを着こなし、なかなかのお洒落です。背も高くスリムで男性雑誌のモデルのようにも見えます。三十代の息子がいるというので、七十歳に届いているのかもしれません。

ホテルに戻って、古い旅の衣を脱ぎ捨て、新しいファッションに着替えて再び街へ。不思議なことに私に対する人々の扱いがまるで変わってしまったのです。気のせいかもしれないと、注意深く観察したのですが、やはり明らかな違いがあるのです。例えば、レストランに入ったときなどレディとして丁寧に扱われました。

タクシーに乗って降りる際に、中年のドライバーがしきりに誘ってくるのです。

「今日は土曜日ですが、一人で過ごすのですか？」私はその質問をいぶかしく思いましたが、

「ええ、そうよ」と答えました。

「それなら、私とお食事でもどうですか？　あなたのような魅力的な女性が今宵一人でお過ごしになるなんて、もったいない」

私は苦笑しながら結婚指輪をドライバーに見せたのですが、そんなことには一向に関心を示しませんでした。

地味でカジュアルな服に、あか抜けないシューズを履いている時にはなかった、様々なリアクションに、正直驚きました。

その翌日80ユーロでオペラの当日チケットを手に入れて鑑賞しました。オペラは二回のインターミッションが二十分ずつありましたが、ホテルが近いのでその都度帰って休息したり食事をしたりしました。

オペラにも買ったばかりのハイヒールとジャケットを着て行きました。馬子にも衣装とは日本のことわざですが、着替えて行くとどこに行っても歓迎されました。

チケット売場から先は闇の中

一夜明けるといよいよトリノに出発。ローマ周辺は混雑することが多いので、テルミニ駅からレオナルド・エクスプレスで行くことにしました。これで行くと空港まで約三十分で行けるので、時間の節約になります。このところ、このエクスプレスを利用することが多いのです。

チケットは駅構内にある直行便専用のボックスで買えます。ところが、そのときはすごく混んでいたので、ミネラル水を買ってのどを潤してから並びました。私は五番目ほどでしたが、すぐに私の順番が回ってきました。チケットの価格は15ユーロ、私は20ユーロを出すと、年配の女性はつっけんどんに「おつりがないわ……。細かいお金にして」と言いました。

重いショルダーバッグを持ち替えて、ボックスに寄りかかるようにして、やっと小銭の5ユーロを探し当ててチケットを買いました。

その日は暑い日でしたが、昨日買ったばかりのコートを着こんで帽子まで被っていたので、背中と額に汗がにじんできます。疲労感が全身を包むのが分かりました。

列車が発車した後も、しばらくぐったりしていました。少し経って何気なくショルダーバッグを開けると、財布がないのに気がつきました。財布は二年前に、イタリア旅行の折、やっと気に入った形のものに出会えたという思いで手に入れた、エルメスの高級財布でした。ブランドの魅力というより、軽いのと、何といっても色と手触りが私好みでした。

しかし今はエルメスがどうのという問題ではありません。旅が続けられるかどうかの切羽詰まった問題に直面しているのです。

〈そうだ、チケット売場のボックスに忘れた！　それしか考えられない！〉

小銭の入った小さなバッグを探すとき、手にしていた財布を脇に置いた記憶がかすかに脳裏をかすめました。しかし電車はすでに駅を発車しています。どうにもなりません。目的地に着いたらまた戻るしかないのです。

頭は不安でいっぱい。何しろクレジットカードが三枚も入っているのです。たまたま現金が少しだけスーツケースのポケットに入れてありました。しかしそれだけでは、この後に残されている一週間の旅程のホテル代には、とても足りません。

何百回と世界各地を飛び回ったＣＡ時代にも、財布を紛失した経験などありません。こんなことは全く初めてです。やはり年を取って、注意が散漫になったのかもしれません……。

〈それとも暑いのに、お洒落をして若作りの洋服など着こんでちゃらちゃらしていたからかしら……〉などと、自己嫌悪の苦い思いが湧き上がってきます。

やがて列車は私の諸々の思いを乗せてフィウミチーノ空港に到着しました。この三十分間の何と長く感じられたことか……。国内線の係員にフライトを夜の便に変えてもらい、再びテルミニ駅に戻りました。その間の時間約一時間半ほどで、チケット売場のボックスには先刻の女性がいたので胸をなでおろしました。

「一時間ほど前に、ここでチケットを買った者ですけど、ここに財布を忘れたと思うのですが……」

私は、拙いイタリア語を総動員し、所々に英語を折り込んでの必死の訴えに、女性は顔をうつむけて、それでも無表情に「いいえ、ありませんでした」と言いました。

「あなたにおつりがないと言われて、ここに財布を置いて小銭入れを探したでしょう……？　それでおつりなしの15ユーロをお支払いしたでしょう」

私の必死の訴えにも「さあ……、記憶にないわ」とぼそぼそと答えるだけでした。

五十代前後の体のがっちりした、いかにも働き者という感じの女性です。どことなくアメリカにいる夫の母親と似ているところがあり、身内のような親近感に、かすかな期待をしていたものの、全く取りつく島もなし。同情のかけらもない態度は、いまいましい限りでした。

私は自分を特別に猜疑心の強い人間とは思っていませんが、彼女の挙動と財布を出し入れした状況から考えて、怪しいという気持ちを拭い去ることはできませんでした。おつりがないことを盾に、執拗に小銭を求められたのも、今となってはむなしい怒りがこみ上げてきます。警察に相談することもちらと考えましたが、おそらく無駄な努力になると思い、あきらめました。

チケットを買う前に水を買った店の売り子に「財布をなくしたの」と思わず愚痴を言うと、

「上に警察官の詰め所があるから相談してみたら？」とアドバイスしてくれました。

一度はあきらめていた警察でしたが、ダメもとと思ってオフィスに行くと、これまた私のアメリカ人の夫のように大男の警察官が出てきたので、一瞬頼りになるのでは、という思いが頭をよぎったのですが、次の瞬間、

「財布をなくしたぐらいでポリスの仕事を邪魔しないでくれ。ここにはもっと大変なことがいっぱい持ち込まれているんだ」

最後の可能性を失い、私はすごすごと引き下がるしかありませんでした。

15 ゆううつな気分に救いの王子？

トリノの休日

旅は財布の紛失から始まった

フィウミチーノ空港からトリノ行きの飛行機には、本来ならば午後1時15分に乗る予定でした。財布紛失でテルミニ駅へ戻ったため、やむなく夕刻5時発の飛行機に変更してもらったのでした。

以前、エールフランスでベルリンからパリ行きの飛行機に、予約変更で一時間遅れのものに乗ったとき、日本円で9万円くらいの運賃を取られたことがあります。片道だけの飛行機代は高くつきます。日本で予約すると予定のフライトに乗らなければなりません。財布をなくしたあげく、国内航空券を別払いするのは大変なので、国内線のカウンターに行って財布紛失の緊急事態を説明しました。係の男性職員は同情してくれて、こちらの希望の便でフライトできるように取り計らってくれました。それで夕方の便をおさえることができたのです。

約一時間二十分でトリノのチッタ・ディ・トリノ空港着。私はこの飛行中、手元に残っている450ユーロ（約5万円）で果たして七日間の旅ができるかということばかり考えていました。ローマで過ごした二日間は、財布にたっぷりとユーロ紙幣が詰まっており、加えて他にクレジットカードが三枚あったので、お金の心配など全くありませんでした。したがって最終の目的地チンクエ・テッレでは、美味しいワインを賞味し、新鮮な海の幸に舌鼓を打って存分に休暇を楽しむ予定でした。

何しろ、日本のイタリア文化会館でイタリア語を習っていたとき、トリノ出身という美人教師は、授業中に、よくチンクエ・テッレの話をしていました。

「とにかく、自然の美しさがそのまま残されているところなの……」と何度も聞かされており、私も一度訪ねてみようと、心密かにその機会を心待ちにしていたところです。

今回トリノに飛んだのは、スローフードの発祥の地と呼ばれているブラに立ち寄った後にチンクエ・テッレに行ってゆっくり過ごすつもりでいたのです。ちなみにスローフードというのは、ファストフード（早い）に対比した言葉で、すなわちスローフード（ゆっくり）というわけで、自然食指向の健康な食生活ということです。ヨーロッパの健康食ブームの走りとなったのが私が訪ねようとしているブラです。

その次に立ち寄る予定が、今回の旅行のメインの観光であるチンクエ・テッレですが、そこは小さな村なので、もし飽きたらジェノヴァに立ち寄って、ミラノ発の成田直行便で帰ってもいいと考えていました。

十時間も飛行機で運ばれて、やっとローマで羽を伸ばしたと一息ついて、これから本格的な旅の始まりと思った矢先の財布の紛失ですから、私のショックは絶大です。旅の終わりならまだしも、これから本格的な旅の始まりで、しかも遠い外国での受難ですから、心細いことこの上もありませんでした。まさにトリノからは、みじめな貧乏旅行の始まりです。

空港から4ユーロでポルタ・ヌォーバ駅までバスに乗りました。ポルタ・ヌォーバはトリノの街の中心地で、ホテルはここに予約していました。

駅に降り立って案内書を見ると、ホテルまで徒歩八分とあります。スーツケースをガタガタと引きずって歩けば多分十分以上はかかるのでしょう。財布を紛失しなければ、タクシーであっという間に到着するのですが、何しろ、これからは倹約しなければなりません。予約していたグランドホテルまで地図を頼りにガタガタ音を立てながら歩くことに。街の通りの電柱のようなタワーのそこかしこに、2006年のトリノオリンピックでゴールドメダリストになった荒川静香選手の大きなポスターが貼られています。写真は例のイナバウアーのポーズです。

貧乏地獄で出会ったトリノの男性

トリノはパリに似て放射線状にレイアウトされていて、落ち着きのある美しい景観の都市です。整然としている街のたたずまいは、多くの人に分かりやすい街として評価を受けています。しかし私は想像以上の方向音痴ときています。それにトリノは初めての土地でしたので地図を見ても、さて、どっちの方向に行けばいいのかもたもたしていました。それでもやっと見当つけて歩き出しました。時刻は夜の7時を過ぎようとしていましたが、まだ明るく、それだけはかすかな救いになっていました。

地図に視線を落としながら、ガタガタ、テクテクと歩き始めて間もなく、中年と思しき男性が英語で話しかけてきました。

「どこにいらっしゃるのですか？」

私がホテルの名前を伝えると、彼は怪訝な顔をして、首をかしげて言いました。

「歩いて行くとかなり遠いですよ」

私の予約したホテルは市の中心部に位置しており、トリノでも最高級と目されているのです。高級ホテルを予約している客がタクシーも使わずに、大きなスーツケースを引きずってノロノロ歩いているのが不思議なのです。タクシー代はイタリアではとても安いのですから、彼の疑問ももっともなことです。

私は財布紛失の顚末《てんまつ》について話しました。緊急事態の不安な気持ちから、初対面の彼に、つい、訴えるような口調になっていました。

「帰国するまでできるだけ倹約する必要があるのよ……。財布紛失の事情をホテルに話して、宿泊を断られたら、どこか安いホテルに移らなければならないわ」

「それは気の毒なことですね……。同情します」

彼は私の話にうなずきながら言いました。

「隣町のブラで農業ステイでもしてみようかと……」

私は心の中にくすぶる悲壮な思いを口に出しました。

「それは無理ですね。慣れない人が農業なんてできないですよ……?」

彼は苦笑の表情で小さく笑いました。それから、道路を振り返って指さしました。

「ほら、路面電車のトラムが来ました。とにかく乗りましょう。ホテルは次の停留所ですよ」そう言うと、私のスーツケースを持って電車にひょいと飛び乗りました。

私たちは、一駅で電車を降りました。料金は無料でした。とにかく私には、歩かなくて済むのが助かりました。

予約していたホテルは、停留所のすぐ近くにありました。風格のある重厚な建物です。

男性はトリノ生まれの生粋のトリノっ子。私がホテルで宿泊を拒否されたら困るだろうと、友人を装いロビーまで私のスーツケースを持って付き添ってきました。彼の気配りと如才のなさは、どうやら銀行員生活の中で身に付けた生活術のようです。しかし、私としては、先刻会ったばかりの男性をどこまで信用していいのか半信半疑という気持ちは拭えないのです。とはいえ、緊急事態の心細さで、彼のアドバイスや機転の利いた行動が頼りになったのは事実です。

カードを日本から送ってもらう

フロント係の女性従業員にローマで財布を紛失したことを伝えました。

「日本から至急カードを送らせるつもりですが、宿泊させてもらえますか？」と不安でいっぱいの状態で聞くと、

「もちろんですとも。予約の二日間はもちろんですが、それ以後も今のところお部屋

が空いていますので、何日泊まっていただいてもかまいません。ただ、曜日によって料金が変わりますので、それだけはご了承ください」と彼女は答えました。

日本のホテルは週末が割高になるのですが、ヨーロッパでは平日のほうが高く設定してあります。平日は商用などで利用するビジネスマンが多いからです。

予約の二日間しか泊まれないなら、このホテルは高いので、他のホテルに移らなければと考えていたのですが、日本からカードが届くまで何とか泊まっていられそうです。

「なくしたカードを早くキャンセルしないと……」

女性従業員は言いました。ヨーロッパのカードが一枚だけあったのですぐに電話をしてもらったのですが、夜7時を過ぎており、銀行はすでに閉店になっていました。それに、カード発行の事情を知っている女子行員は毎日出勤していないということでした。キャンセルをするにしても、私はクレジットカードの番号を控えていませんでした。すぐに再発行をしてもらうのは無理なようでした。翌朝、日本の自宅に電話をしました。電話には娘が出ました。

事情を説明して私の机の中からカードを探してもらうことにしました。

ヨーロッパにはユーロの口座があり、ヨーロッパの銀行が発行したＶＩＳＡと、ドル圏内ではＨＳＢＣのカードというように外国旅行に持参するカードは大体決まっていました。娘が探してくれた机の中には、ふだんはほとんど使っていないカードがありました。年会費がゼロなので、脱会せずにそのままになっているカードでした。

「どの程度のワクで使えるか分からないけど、とにかくそれを送って……」

私はわらをもつかむ気持ちで、必死になって頼みました。

トリノからブラへ

ブラはトリノからローカル電車で一時間ほどです。人口二万八千人という小さな村です。駅を降りるとすぐにレストランがあります。その他にワイナリーやチーズ工房もあり、アグリツーリズム（農業体験旅行）の村として有名なところです。

街並みは黄色に塗られた明るい建物が並んでいて、ゆったりと散策するのに適したのどかさを感じさせます。ピエモンテ州はもともと美食で知られていますが、このブラ村は「スローフーズ」の発祥の地なのです。その日、私は駅の近くのレストランで昼食をとりました。

このレストランで私はニョッキを注文しました。７ユーロという安さなのに、上等の粉チーズとオリーブオイルに、バスケットにいっぱいに盛られた焼き立てのパンが出てきました。財布を紛失して以来、二日間というもの1ユーロのパンに果物といった食事だったので、久しぶりに豪華な食事をした気になりました。

トイレもとてもきれいで、ますますリラックス。久しぶりに気分も明るくなり、ウエイターのお世辞にも笑顔で答えるゆとりができました。

彼には二歳の子供がいるというので、彼の妻のことを聞いたところ、特別に言いよどむふうもなく、さばさばした口調で「彼女とは結婚していないんです。当分このままでいるつもりです……」と爽やかに笑いました。フランスに近いこの街では、結婚しない男女が増えているとか。

満ち足りた思いを抱いて、次にチーズ工房「ジョリート」を訪ねました。オーナーはにこやかに私を迎えてくれました。

「今日は……。ようこそ」と日本語のお出迎えでした。何でもオーナーは東京の代官山にレストランとチーズの店を開いているということでした。

私も型通りの挨拶を返したのですが、オーナーは今度の日本の震災について、親身の言葉でお悔みを述べました。

「地震に津波、それに原発事故……。大変でしたね。この大事故で日本の経済も大変になるでしょうね……。困難に負けずに頑張ってくださいね」

オーナーは私の手を握って言いました。私とオーナーは旧知の間柄のように語り合いました。話すほどに分かってきたのは、オーナーの両親は親日家で、東京に進出するのを心から喜んでいたようです。

気さくなオーナーは二代目で、わざわざ奥から両親の写真を持ってきて見せてくれました。東京のお店の話の折に「日本のチーズの値段は高すぎますね……」と小さく首を振りました。オーナーと話が弾んでいたのですが、オーナーに来客があって私たちの話は中断しました。

この機に辞去しようと思っていたのですが、オーナーは私を引き止めました。

「工場を見学してください。社員に中の案内をさせましょう……。本当は私が案内すればいいのですが、ご覧の通りの来客ですから失礼します」

そう言って、ルチアという女性事務員を呼んでくれました。ルチアは英語が堪能であるのは助かりました。オーナーは、そんなことまで気を使ってくれたようです。

ルチアは事務的な応対でしたが、チーズの工程を丁寧に案内してくれました。最後に地下の展示室まで案内してくれました。

品物を購入するわけではない私のために英語の堪能な職員までかりだしてのサービスに感激しました。

展示室に飾ってある牛の模型に乗るようにルチアに勧められました。

「見学する人は、この模型と一緒に写真を撮るのよ……。あなたもどうぞ」

私は言われるままに模型に乗り、記念撮影。なんだか子供時代に帰ったような気分です。

いつも感じることですけど、外国旅行の際、一人旅が寂しいのは食事のときです。ところがイタリアだけは違うのです。田舎の人は素朴で親切で気さくな人が多いのです。特別に言葉を交わさなくても癒される感じがします。

これがアメリカとなると、一人では高級レストランには入りにくいのです。テーブルを取ってくれてもトイレの近くとか、出入りの激しい入口の席です。カウンターの止まり木の丸椅子などに座らされることもあります。それに比べてイタリア人は、女性に対しては特別によい席を用意してくれるのです。一人で座っているとウエイターなどが気軽に話しかけてきてくれます。ヨーロッパ、わけてもイタリアは古くから観光国なので、ホスピタリティにあふれているのかもしれません。一人でイタリアに来るたびに感心させられます。

二日ほど経って日本から何枚かのカードが送られてきました。その中の一枚がＯＫということ。予定より遅れてしまいましたが、当初の計画通り、チンクエ・テッレに出かけることにしました。財布を紛失したため、トリノのホテル待機を余儀なくされ、滞在二日の予定が四日になりました。今回の旅の主目的だったチンクエ・テッレは逆に二日間しか時間がとれなくなりました。

トリノでは、ブラに出かけただけでしたが、財布をなくし、貧乏旅行を意識していると疲れも倍増でした。ブラから列車に乗ったとき、例の銀行員氏から携帯に電話が入りました。駅からホテルまで車で送ってくれるというのです。歩いても大して遠い距離ではありませんが、疲れていたので、彼―ミケーレ―の好意をありがたく受けることにしました。

単なる気まぐれか、安易な興味か……、何の下心もない親切心とも思えないのですが、ホテルに着くと「食事を一緒にしないか？」と言うのです。

正直なところ、私は財布疲れと時差疲れで睡魔に取り憑かれていました。

「疲れたので今日はこのまま休みたいわ」私は断りました。

「それなら、明日にしよう……」と彼は、私の断りにちょっぴり不満げな様子でした。

「体調が戻ったらね……」と、私は答えました。

そのときはまだ日本からカードが到着していないときだったので、気分的には追い詰められているような不安な気分から抜け出せずにいました。

トリノには博物館や美術館も多く見所がたくさんあるのに、つまらない事件に遭遇して、リラックス気分で観光が満喫できないのが残念でした。イタリアには数え切れないほど訪れているとはいえ、遠い異郷に違いありません。こんな場所で心細い思いをするなんて考えてもみませんでした。

翌日、義務のようにトリノの街に出かけたのですが、やはり財布疲れは相当に重症のようで、早々に帰ってホテルのベッドに横になってしまいました。いつの間にかうとうとしたのですがフロントからの電話で起こされました。

「お届け物があるのですが、お部屋に持参いたしましょうか？」

てっきり日本からのカードだと思い、ノックの音に飛びつくようにドアを開けたのですが、そこには大きな花束を持ったミケーレがにこやかに笑って立っていました。

私は、一瞬何のことやら理解できずにポカンとして彼を迎えたのですが、ミケーレは私に対して女性としての興味を抱いて花束のプレゼントということになったらしいのです。ドアを開けた私の許可を得るでもなく、部屋の中に入ってくると、私にうやうやしく花束を差し出したのです。

部屋に入ってきた彼に少し迷惑そうにすると、彼は手を広げて言いました。

「私はジェントルマン、心配ないですよ。安心してください」

彼の「私はジェントルマン」というのは最初に会ったときからの口癖です。

彼は改めてゆっくりと部屋の隅々を見渡してから、勧めもしないのにソファに腰を下ろして言いました。

「さすがトリノ一のホテルですね……。この部屋を予約した人がアグリツーリズムは無理ですよ」

彼は陽気で、銀行員らしい常識を身に付けているし、洋服のセンスも着こなしも悪くありません。容貌も俳優のロバート・デ・ニーロに似ていて、なかなかのハンサムです。

財布紛失で心細いときに出会って以来、いろいろとアドバイスをしてもらったり、相談相手になってもらいました。それに外国人にしては日本人男性の体軀とそれほど変わらず、小柄で、話しやすい点もなかなかいいと思いました。

それに、花束とは心にくい演出ではありませんか。この三十年間というもの、花束を捧げられたことなんてありません。大げさでキザだとは思うものの悪い気はしません。

彼が現れたのは平日の昼間です。「お仕事は？」と私が怪訝な顔をして聞くのに、彼は屈託なく答えました。

「週末の他に平日の休みが一日あるんだ……。週四日勤務さ……」

彼の説明によりますと、五日制から四日制の勤務がヨーロッパの会社の中にはぼつぼつ出始めているということでした。

私は、食事の誘いを受けることにしました。彼の花束作戦は成功したということかもしれません。ヨーロッパで男性と食事をするのは本当に久しぶりのことです。「私は紳士」という彼の口癖を信じることにしました。

「夜が遅いのは困るの……。明日はカードが届くと思うので、チンクエ・テッレに行こうと思っています……」

「それなら、早い時間はいいレストランは空いていないけど、眺めのよい高台のレストランに案内するよ」

「それでは、夕方会いましょう」

彼は夕方私を迎えに来ると言って帰っていきました。

数時間後、私を迎えにホテルに来た彼は、地下鉄に乗ろうと言い出しました。2006年のトリノオリンピックの開催に合わせて開通した地下鉄をぜひ見てもらいたいと言うのです。

いつも感じることなのですが、イタリア人は愛国心にあふれています。愛国心という言葉がオーバーなら、郷土愛と言い換えてもいいかもしれません。すなわち自分の住んでいる場所に並々ならぬ愛情を持っているのです。

なるほど、地下鉄は開通して五年ほどなので真新しい車体で快適でした。乗ったと思ったら二つ目で下車。

「地下鉄ができて以来、出勤するときは地下鉄を利用しているんだ。この駅の近くにアパートがあって、とても便利なのさ」

彼は何気ない口調で言いましたが、私は緊張しました。アパートに寄って少し休んでから行きましょうか……、などと誘われたら嫌だなという思いが一瞬心の縁《へり》をかすめました。その思いはどうやら杞憂のようでした。

「今度、トリノに来ることがあったら案内するよ。独身なのでアパートは寝に帰るだけなんだ。長い間付き合っていたガールフレンドと別れたばかりで、まだ部屋は整理し切れていなくて」

誘わないことが礼を失するとでも思ったのか、くどくどと弁解じみた言い訳をしていますが、私はほっと胸をなでおろした次第です。

駅の近くとはいえ、緑豊かな環境で清潔な街でした。ビルの高さも統一されていて、街の景観にも配慮した街づくりは成功しているようです。

「街の中心なのに空気もきれい……。植物の香りがするわ。樹木が多いせいかしら？」

私はリラックスしている自分を感じていました。

「そうなんだ。トリノは緑の都とも呼ばれているんだよ。パリに似ているという人もいるのさ……」

ミケーレはいささか得意気に言いました。

季節は春でしたが、彼は秋の旅がおすすめだと言いました。

「トリノはグルメの街でもあって、秋にはトリュフが美味しくて、観光客が多くなるんだ。秋はこの街が一番楽しめるシーズンだから、その頃にまたいらっしゃい。そのときはまた案内するよ」

遠い日本から春秋二回なんて気安く出かけてなんかこられるものではありません。「今度来たら……」とか「秋に来たときに……」を連発するので私は内心調子のいい人と思って笑いをかみ殺していました。

調子がよくて、ちょっぴり軽薄なところもありますが、子供っぽいところもあり、可愛い感じもします。日本はもちろん、アメリカにもちょっといないタイプです。

彼とのつかの間のデートで可笑しかったのは、私が英語で話しだすと、私の言葉をさえぎり「イタリア語でどうぞ」と言うのです。

私はたどたどしいイタリア語を話しだすと、そのイタリア語を訂正しては何度も言い直させ、最後に「そう、完璧だ。その発音を忘れないでね」と嬉しそうに言うのでした。

以前から、私はイタリア人は自国のイタリア語を大切なものとし、言葉に対して並々ならぬ愛国心を持っていることは感じていました。地方の店やレストランで片言のイタリア語を使うと売り子やオーナーは喜んでおまけをしてくれたり親近感を示す人もいました。

けれどもその感じと彼の執着心はちょっと違います。愛国心にしても異常です。何度も言い直させる語学の教師ならまだしもですが、今どき、月謝をもらっている先生でも、彼ほど熱心ではありません。

「あなたの英語の発音より、あなたのイタリア語のほうがずっときれいに聞こえる」

そんなことを言いながら、何度もくり返して私にイタリア語をしゃべらせては、細部にわたって訂正し、ご親切にも教えてくれたのでした。イタリア語の一年分くらいを勉強させられた気がしました。何しろ、運転中も、電車の中でも、食事中も、飽きもせずにイタリア語をしゃべらされ、直されました。

二十年近くアメリカに住んでいて、さらにアメリカ人の夫と三十年近く暮らしている私の英語の発音に異をとなえるとは心外ですが、英語は、相手がネイティブ（生粋のアメリカ人）なら通じやすいけど、イタリア語より発音は難しいのかもしれません。特に彼のように英語が習いたてで、アメリカ人と直接会話を交わす機会が少ない人には私の英語は聞き取りにくいのかもしれません。

それにしても彼がイタリア語にこだわる理由が分かってなるほどと思いました。彼は、『イタリア方言演劇同好会』の会員だったのです。

イタリア各地の方言によって劇を演じる活動を長年続けてきたそうで、運転中もいろいろの使い分けで、私に話して聞かせてくれました。また、相手の言葉を聞いてイタリアのどの地方の出身かを私に当ててみせました。

わざと車を停めて道を聞き、それからその人の出身地を言い当てました。

スタンドで働いていた男性はトリノ出身、ピザの店のウエイターはローマ出身でした。言われてみると、トリノの言葉は静かで、ローマの言葉は、少し荒っぽく大声で話す人が多いように思えました。

「ナポリもそうだよ。南部のイタリア人は大声で荒っぽい話し方をする。トリノはフランスに近いので静かな言葉遣いをする人が多いよ……」

私は「フィレンツェはどうなの？」と聞きました。

「少し気取りすぎだな……。僕はあまり好きではないが言葉としては面白いよ」

それからフィレンツェ人の方言で彼は話してみせてくれました。同じイタリアでも地方によって言葉遣いはずいぶんと違うことを彼は力説しました。

「方言の芝居をやりだすと面白いんだ……。とてもやめられないよ」

彼は笑いながら言いました。

〈日本にもそんな同好会があるのだろうか？〉ふと、脳裏をよぎりましたが、私は聞いたことがありません。

イタリア人は言葉に対しての思い入れが、どこの国よりも強い気がしました。イタリアは独立をするまで長い間、いくつもの国に分散されていました。それで個人主義的な生き方が強くなったということですが、彼らを結びつけているのはイタリア語だと聞いたことがありました。言葉が愛国心の原点と言われてみると、なるほどという気もします。

「ただし、トリノだけは特別さ……」と彼は言いました。

「1861年、ヴィットリオ・エマヌエーレ二世を王としてイタリア王国（立憲君主制）が成立した最初の首都がトリノで、今年がちょうど百五十周年にあたるんだ」

彼は得意そうに言いました。言われてみると確かに、トリノ市内にはイタリアの国旗である三色旗が街の至る所に掲げられていました。街中にはためく三色旗は建国記念日のお祝いだったのかと納得しました。

食事の後、彼とのお別れのときが来ました。彼はカンツォーネの曲に合わせて大きな声で歌を歌いました。私とのつかの間の出会いを記念するための歌なのでしょうが、それにしては歌は上手ではなく、いささか滑稽でもありました。私は彼の歌を聞きながら、失恋したばかりという割にはハッピーな人だと思いました。彼は、自国の様々な地域の方言を学び、それを生かした演劇に打ち込んでいるということを知って、井上ひさし作『國語元年』という方言を駆使したドラマが、底抜けに面白く、方言により人間味を表現していたことを思い出し、彼の趣味の素晴らしさにようやく気づきました。

財布の紛失で、貴重な旅の時間を三日間ロスしたけれど、そのおかげで、彼のようなイタリア人らしいイタリア人に出会えたことは感謝すべきことなのかもしれません。観光客の多い昨今、まさか財布紛失がもたらした『ローマの休日』というわけにはいかなかったと思います。奇妙な出会いから始まった、「トリノの休日」になりました。

最初、トリノにはあまり期待していなかったのですが、ゆったりと落ち着くとてもいい街でした。次の日に離れることを思うと、後ろ髪を引かれる思いがあります。この四日間、トリノでは日本人には一人も出会いませんでした。聞くところによると、イタリア人の自殺率は先進国では一番低いのだそうです。人々は陽気で楽しく暮らしているのでしょう。イースター休暇が始まります。失恋銀行員氏ミケーレは、恋人がいないその年は両親と過ごしたそうです。

16 スローフーズの本場で

チンクエ・テッレの断章

チンクエ・テッレはイタリア北西部のリグーリア州、ラ・スペツィア県のリグーリア海岸沿いにあります。チンクエ・テッレとはイタリア語で五つの土地という意味です。一つ一つの土地が集落でもあり、五つの村とも呼ばれています。海岸線を彩る色とりどりの家、11世紀に要塞都市として生まれたこの地域は、ユネスコの世界遺産にも登録されています。

ガイドブックによれば、チンクエ・テッレは、およそ1世紀にもわたって隣村との陸路は遮断されたままで、船で行き来をしていたのです。要塞都市としてはまたとないたたずまいを備えていたわけです。孤立した村々には、今もかつての面影が残っています。平地のない急斜面の岩盤を砕いてできた石垣の中の畑には葡萄が栽培されています。この葡萄で作られるワインが人々の生活を支えてきました。千年以上も風雨にさらされてきた石垣は壊れやすく、その修復も苦労の種となっていました。葡萄畑の美景と大昔から変わらない人間の営みが織りなす別世界のような不思議な村々に、私の旅情は高まるのでした。

ローマ、トリノと巡って、最後にチンクエ・テッレというコースで計画をしていたのですが、財布紛失事故があり、日程には少なからず変更が生じました。そしてやっと憧れの地に向かうことになりました。私はトリノから、ラ・スペツィア行きの直行列車で行くことにしました。

急きょ日本からクレジットカードを送ってもらい、何とか旅の終わりを迎えることができるようになりました。それでもこの数日間の倹約の癖は抜け切れず、二等のチケットを購入しました。イタリアは一等の運賃も安いのですが、倹約のために二等を購入しました。ところが急行だったために指定料金を取られ、倹約一筋の効果は一気に瓦解。

前の席には、学生らしい恋人同士が座っています。イースター休暇を一緒に過ごすのか、若いカップルは頬を寄せあって本を読んでいました。女性が男性にもたれかかっています。不自然な姿勢と熱い吐息の二人は、果たして本の内容が頭に入っているのでしょうか？　それに不自然な姿勢で疲れないのかしらと、他人事ながら、私は余計なことを考えるのでした。

やがて女性はバッグからプラスチックの保存容器を取り出しました。容器にはパウダー状の食べ物が入っていました。二人で仲良く食べ始めました。粉のような食べ物で、初めて目にする食べ物でした。ヘルスフーズかもしれません。食べ終わると再び抱き合って本を読み始めました。女性は彼の肩に頬を乗せて、時折キスを求めます。

女性はやや太めで男性はスリムです。こんな痩せた彼に太めの彼女が体をもたせかけて彼は疲れないのかしらと、懲りない私は心配し、気をもむのでした。

指定の座席は六人乗りのコンパートメント式で、三人ずつ向かい合って座るようになっているのです。向かいに座っているカップルはどうしても視野に入ってきます。カップルは、向かい側に座っている東洋人の小母さんなんか全く眼中にないように、自分たちの世界に没頭しています。

今まで二等には数えるほどしか乗ったことがありませんが、二等は二等なりに面白い人間観察ができます。モデル風というか踊り子風というか、厚化粧の女性が携帯で声高に会話をしています。その女性にナンパしようとする男性が近づいていったり……。家族連れがイースターで里帰りをするのか、大きな荷物を抱えて乗り込んできたりと、乗客を見ていても飽きることはありません。
そんなこんなで退屈することなく、思いのほか早く、ラ・スペツィアの駅に着きました。

小さな駅で観光案内所もありません。チケット売場の近くにホテルのガイドブックがあったので、よさそうなホテルに次々と電話をし、五番目にやっと、ビラ・アルジェンティナというホテルに空きがありました。四番目までは三つ星ホテルで、どこも満杯。五番目に電話したホテルは二つ星でした。仕方がありません。実は日本で予約していた最高級ホテルは、財布紛失のためにキャンセルしていたのです。

ビラ・アルジェンティナは、チンクエ・テッレの最東端リオマッジョーレにあり、そこは絶壁の海岸線で知られています。このホテルに行くためには十分ほど列車を乗り継ぎ、さらに山の上へと登らなければなりません。土地の人らしい女性が、「列車はあと一分ほどで発車しますよ」と教えてくれましたが、私は今回、タクシーを利用することにしました。

二つ星のホテルは、外観はよかったのですが、125ユーロにしては部屋が少しお粗末な気がしました。特にベッドがよくありません。バスタブがないのは覚悟していたものの、トリノのホテルと同じ値段で、差がありすぎます。1万円もの送料をかけて日本からカードを送らせたのに、こんなにみじめな思いをすることになろうとは。長い間、憧れ続けた観光地だけに、ショックも大きいのです。

この年齢で異国の地をはるばる訪ねたのに、イメージした旅とはずいぶんとかけ離れてしまったことを、少し哀しく思いました。けれどもそのかわり、ミケーレと出会ったり、新しい食事や私好みの味を体験したりと、それなりの旅の楽しさも味わいました。

私は気を取り直して階下に降りてフロントの女性に美味しいレストランの所在を聞きました。

「ホテルのオーナーの祖母が始めたワイン工房があって、そこのワインが置いてあるレストランが駅の近くにありますよ。レストランはグロティーノっていうの」

女性は教えてくれました。

「とても人気のあるお店だから、もう少し経つと混雑しますよ」と女性は早めに行くように促しました。

言われるますぐにレストランに行くと、なるほど、お店はお客でいっぱいです。イタリア人は一般的に9時頃から夕食する人が多いのに、まだ7時頃でこの混雑ぶりは、やはり観光地なのでしょう。私は一人旅で、混んだ店に入るのは少し気が引けましたが、これだけ客が多いというのはフロントの女性の言うように、よほど人気のあるお店なのでしょう。私は意を決して混雑の店に入っていきました。

私のテーブルの隣はフランス人らしい観光客でしたが、獲れたてのロブスターや魚のアンティパストを美味しそうに食べています。なかなかの健啖家で、白身魚やエビなど大量の料理を次々に平らげてゆきます。

メニューも二人前からというのが多いようでした。獲れたばかりの魚を大きな皿に盛りつけて出すのですから、確かに一人前というのはなじまない感じです。またこの手のレストランに一人で来るという人は、あまりいないのでしょう。

ウエイターに一人で食べるのに適したお料理を頼むと、細目の黄色いパスタと、ムール貝を盛りつけた料理が運ばれてきました。私は極上のロゼと白ワインをゆっくり味わいながら、素晴らしい料理を堪能しました。財布の受難の出来事など、もはやすっかり忘れ、満足し切って丘の上のホテルに戻り就寝しました。

翌朝の朝食も、私には満足すべきものでした。蜂蜜、ジャム、オレンジジュース、すべてが新鮮でナチュラルです。メイドさんに聞いてみると、無添加で純粋だと言います。さすがにスローフードのイタリアだと感心させられました。

予約がいっぱいなので、ホテルは一泊ということになっていたのですが、オーナーの妻が朝食後に部屋を訪れ、小さい部屋に移ってもらえるならもう二泊できると言ってきました。確かに昨夜泊まった部屋は二人部屋でした。

もう一泊のために他のホテルに移るのも面倒なので、もう一泊することに。移動はカンタン！　同じ階の向かいの部屋でした。

観光に残されたのは一日だけになったので、リオマッジョーレの駅からモンテロッソまで電車で行き、一番遠くの村から一つずつ観て、夕暮れ時に駅までの『愛の小道』を夕日を見ながら歩いてホテルに戻る計画を立てました。

地中海の沿岸なので、4月というのに海水浴客で海辺は賑わっていました。砂浜にはビーチパラソルの花が咲き乱れています。街中も賑やかで、筋肉モリモリの体に、真空パックみたいにピタッとした海水パンツを身に着けた男性と一緒に、黒いドレスに身を包んだ老婦人三人が腕を組んで優雅に歩いていたりします。いかにもイタリアのリゾートらしい長閑な風景に思わず私の頬はゆるむのでした。

間もなく昼近い時刻、太陽が燦々と照りつけてきます。飲み物が欲しくなり、海沿いのカフェに入りました。もっとゆっくり街を散策したかったのですが、鉄道駅に向かい次の目的地コルニリアに行きました。海岸沿いの斜面いっぱいの葡萄畑のふもとにある村です。11世紀に建てられた礼拝堂の廃墟に建つサンピエトロ教会は五つの村々にある教会の中でも最も代表的なゴシック建築といわれています。

坂の道を登っていく途中に、アッシジの聖フランチェスコの銅像が建っていました。息切れしながらさらに上へ上へと登っていると、すれ違った老婦人は私に微笑みかけました。「もう少しよ。頑張って……。」教会に着いて中に入ると、そこで美しい讃美歌が聞こえるわ。こんな風なメロディよ……」そう言うと老婦人ハスキーな声で讃美歌の一節を歌いました。チンクエ・テッレでは一人旅の男性とは何人かすれ違いましたが、私に声をかけた女性は一人旅なのでしょうか？　それとも地元の女性の静かな散策だったのかもしれません。地元の信者が、こんな丘の上まで息を切らして登ってくる異国の女性に感心して声をかけてきたのでしょうか？　少し歩くと教会が見えてきました。

教会に入ると先刻の婦人が口ずさんでくれた讃美歌と同じメロディが聞こえてきました。数人の信徒が座ってお祈りをしていました。

教会の広場からチンクエ・テッレの険しい海岸線が遠くまで見渡せます。段々に広がる葡萄畑の美しさに私は目を見張りました。葉の緑のきらめきと、地面の茶色が美しいストライプとなって、どこまでも広がっているのです。時間が止まり身も心もその風景の中に溶け込んでいくような充実感です。心ゆくまで眺めてから、丘の坂を下り始めました。少し行くと、駅まで運行しているバスが待っていて、難なくコルニリアまでたどり着きました。

駅には中国人の学生の団体がたむろしていて、その中の中国人女学生が私に向かって言いました。

「震災、心から同情します。元気を出してください」

流暢な日本語でした。別な女子学生は英語で話しかけてきました。

言葉の締めくくりに「God Bless Japan」（日本の国に神のご加護を！）と言って握手を求めてきました。彼ら中国人学生は、日本語、イタリア語、英語何でも話せるのにびっくり。隣国の者同士、通じ合うものがあり、嬉しい出会いになりました。

今回はどこへ行っても私が日本人だと言うと同情されました。電車で乗り合わせた家族連れの中の七歳だという子供が「ツ～ナミ、ツ～ナミ」と私に語りかけてきたのには驚きました。

日本を出てくるときには、泊まる予定にしていたヴェルナッツァは見所がたくさんありすぎて、私のことだからあそこもここもと、観光を欲張り帰るのが遅くなると危惧し、今日はあきらめ最後にマナローラで下車することにしました。時間は5時近くなっていました。

ここからリオマッジョーレまで一キロの『愛の小道』を歩いてホテルまで帰ることにしました。『愛の小道』は、マナローラとリオマッジョーレをつなぐ約一キロの遊歩道で恋人たちに人気のスポットです。小道から見る夕焼けは絶景でした。

狭い海岸線に沿って点在する五つの村々。何世紀にもわたって住民たちが造りあげた段々畑。一つ一つの石を手作業で積み上げて造られた石垣。土壌は斜面を切り崩すときに生じた粉塵がベースになっているということ。海と山と人が共存している不思議な光景です。村々は軽薄な文明を拒否して、自然の懐に抱かれています。遠い昔から変わらない原風景。懐かしいふるさとのイメージです。すがすがしい空気。歩いているだけで体調がよくなったような気がしました。

あちこちで休憩しては軽い飲食をしてきたので空腹感はありません。ホテルに戻ったら早く就寝して、明日ミラノに行く前にヴェルナッツァに立ち寄ろうと思いました。ところががっかり。今日から移ることになった小さな部屋は、ベッドが悪く下のほうが湾曲していて安定感が得られないのです。体がずり落ちるような感じで熟睡ができませんでした。変な夢を見たり、目が覚めて寝そびれたりと散々です。

浅いまどろみから覚めてみるとあいにくの雨。今回イタリアに来て初めての雨です……こんな日に観光しても仕方がありません。ゆっくり朝食をとってジェノヴァ行きの列車に乗ることにしました。ベッドが不合格でも、このホテルは朝食だけは取り柄です。ゆうべの不眠を解消してくれるのに十分な質のよさでした。

旅も最終なので、ジェノヴァまでは一等に乗りました。ブラのチーズ工房でガイドを引き受けてくれたルチアは「ジェノヴァに行ったらテッランドというレストランに行ってみて……。きっと満足すると思うわ」と勧められていたので、ランチはそこでとることに。

一等車では、老婦人と若い男性が同じボックスでした。私が網棚にスーツケースを乗せようとしていたらすかさず若い男性が来て手伝ってくれました。私のお礼の言葉に微笑んで応え、何の言葉も発しないで、イヤホーンで音楽を聞いていました。途中の駅でブルース・ウイリスによく似た中年の男性が乗ってきて私の隣の席に座りました。

ジェノヴァに着くと携帯電話がないのに気がつきました。車掌が真剣に探してくれたのですが、見つかりません。財布を紛失し、今度は携帯です。私の注意力が散漫な証拠です。おまけにジェノヴァに降り立ってみると土砂降りになっていました。これでは街の中に出ていくわけにはいきません。全くついていないことばかり……。

駅の構内でピザを食べ、ミラノ行きの切符を買いました。発車までだいぶ時間がありました。ダメもとで、忘れ物係の事務所に出かけてみました。

「ラ・スペッツィア駅から到着したばかりの列車に携帯を忘れたと思うのですけど……」とそこまで言ったところ、さっき列車で親切に捜してくれた駅員が奥の部屋から出てきました。まるで名作映画の『鉄道員《ぽっぽや》』から抜け出したような彼が、私の申し出が心外だとでも言うように両手を広げてわめき出しました。

「そこにいる小さな日本人女性のために、広い列車の隅々まで一個の携帯を探し歩いたんだ。今更それが出てくるとは思えない」

私は赤面して、彼に対して心から詫びました。まさか、このオフィスに彼が来ていようとは思いませんでした。

「本当にさっきはありがとう。次の電車に乗るまで時間が余っていたので、ダメもとで来てしまったんです」

私はありったけのイタリア語をつなぎ合わせて彼に失礼の段をお詫びしました。

「そうかい。分かったよ」と言って、彼はフレンドリーな態度で首をすくめ、軽快な足取りで去っていきました。

ミラノ行きは二等車に乗り込みました。電車はあっと言う間もなくミラノにつきました。駅のそばのホテル「ミケランジェロ」に部屋を取り、最後のショッピングに出かけました。駅から地下鉄に乗ってモンテナポレオーネで下車。モードの発祥の地であるミラノでも、ここは最も華やかでおしゃれな街です。ウインドーショッピングには最適で、ローマのブランドショップ街より道路も広く、ぶらぶら歩いているだけでもウキウキするような楽しい場所です。この日は土曜日でもあり、観光客の姿もいつもより多いように思われました。

広い車道に一台の黄色いスポーツカーがゆっくりと走っています。車を停める場所を探している様子。大勢の通行人が足を止め、車のほうに近づいていきます。

「すごいぞ！ ランボルギーニだ」人々はそんなことをささやき合っています。

私が若いとき、ローマでマセラティに乗っていた人とドライブに行ったとき、停車するたびに人々が集まってきて驚いたことを思い出しました。

目の前の車は派手な黄色ときています。世界的に不況が深刻な今どき、滅多に見ることの少なくなった超高級スポーツカーです。どんな人が車に乗っているのか、好奇心のかたまりである私も群衆に混じって持ち主の出てくるのを待ちました。当人はなかなか出てきません。やっと出てきたのは七十歳くらいの男性でした。

〈あれだけお腹が出ていれば出てくるのは大変だったのかも……？〉などと、私は思わず苦笑しました。

緑色のド派手なジャンパーを着込んだ老紳士は集まってきたやじ馬を見下すような尊大な態度をしています。

「素晴らしい車ですね……」「ご気分は？」「この車の乗り心地はいかがですか？」アメリカ人らしい観光客がさかんに話しかけるのに何の返事もせずに軽く手を挙げてその場を去っていきました。

〈ハリウッドの大スターでも一言ぐらい言葉を返すのに……〉感じが悪いと思いましたが、あるいは観光客の話す英語が分からなかったのかもしれないと思い直しました。その場を離れてしばらくすると、日本語が聞こえてきました。今回の旅で初めて接した日本人です。

振り返ってみると、どこかで会ったような気がします。首をかしげましたが、すぐに思い出しました。成田からの飛行機で、隣合わせで座ったカップルでした。

「あら、偶然ね……」私の声に笑顔で「本当に」と女性が懐かしそうに応じました。話を聞くと彼らも明日私と同じ飛行機で成田に帰るのだそうです。

ホテルに戻るとトリノで出会ったミケーレからメッセージが届いていました。

「イースターおめでとう。またメールで連絡します」

そんなメッセージでした。

うるさく付きまとわれたら嫌だと思ってどこのホテルとも教えていなかったのに、「泊まるとすれば駅近くのホテルね……」と私が言ったので、手当りしだいに電話を入れて所在を突き止めたのでしょう。それにしてもマメで油断のならない人。

しかし、彼の私への関心は気まぐれで一時のものでした。しつこくメールのアドレスを聞いてきたのに、あれから一度もメールは入っていないのです。

やっぱり、ピンチに陥っていたレディを助けるために、喜んで手を差し伸べた、気のいいイタリアン・ナイト（騎士）だったのでしょう。

17 豊かな個性とストーリーに出会う島
―シチリア―

ヨーロッパの地図を見てすぐに分かるのが、ブーツの形をしたイタリア。こんなにユニークで面白い形の国ってあるでしょうか。そのつま先で、今にもけられそうな島があります。ただ、この島はサッカーボールのように丸くはなく、小さくもないのです。そのおかげかどうかは不明ですが、地中海のほぼ中央に悠々とその巨体を横たえています。その島の名は「シチリア」。

聞きなれないけれど美しい響き……。漠としたメルヘンの世界が心に浮かびます。こんなとき、素敵な発見を求めてすぐに旅立つのが私の流儀なのに、シチリアは取り残されていました。日本からの直行便がないことと、島というだけで、他の都市よりも遠くて困難だという距離感があったのかもしれません。

2013年、私は突然シチリア行きを思い立ち、10月19日にローマへ旅立ちました。長い間温めてきた桃源郷への出発は感慨深いものがあります。

成田を離陸しておよそ十三時間後にローマに到着。定刻通りの19時。

いよいよシチリア島のパレルモ行きの便に乗り換えです。21時5分発のパレルモ行きには間に合いませんでした。でもそれは計算済み。ギリシャを発端に、ヨーロッパ中に広がるユーロ危機で、入国、税関などの空港要員が大幅にカットされ、旅客の出入国審査に非常に時間がかかるのです。いざというときのために、私は乗継便までに、三時間以上の余裕を取っておいたので安心していました。

ところが空港は予想以上のおびただしい人の数。それも、ほとんどが二十人から三十人の団体客。それぞれのツアーのガイドや添乗員たちが、自分のグループをより早く先導するため、奔走しています。その熱気と勢いに圧倒されるばかりで、荷物を持った私がそこをかき分けてなど行かれません。

たった一人の私は、戦場に迷い込んだ子羊のように取り残され、入国、税関とかなりの時間待たされ、結局パレルモへの乗り継ぎ便に間に合いませんでした。グループ旅行全盛のこの時代、一人旅は大変になってきたと実感。かつての優雅な空の旅は夢物語となってしまったようです。

乗り遅れたことをアリタリア航空のカウンターで担当の女性に伝えると、「いったい、三時間もあったのに何をしていたの」とまくしたてられ、「次の便に乗ってください」と言ってくれると思ったら、「他のカウンターに行ってチェックインするように」と冷たい口調。

次のカウンターでは、また女性の係員が出てきて、何やら一層険悪な表情で、つっけんどんに「どうして今の便に乗れなかったの？　十分時間があったはずなのに」と責めるばかりで、同情のカケラさえありません。

その様子を見かねたのか中年の男性が出てきたので、〈やれやれ。イタリアの女性、特に若い女性は冷たい。男性が来てくれてよかった〉と胸をなでおろしていると、親切そうなその空港要員が「ところで、スーツケースは？」と聞いてきました。「これだけですよ」と言うと、彼の答えは「This, Alone!　こんな小さなスーツケースで一人で旅してるの」ということで驚いた様子。チェックインするにはあまりにも小さいスーツケースで、しかも女性が一人でパレルモ行きの最終便に乗ることなど滅多にないことなのでしょう。まるでホームレス並みの扱いを受けたような気がし、私のこれまでのイタリア熱も一挙に冷めてしまいました。やっと助け船が……と期待したのもつかの間。何か馬鹿にされた感じで、どっと疲れを感じました。欧米の国では女性、特に高齢の女性が一人で旅するときには、若い女性の世話係と一緒に、大きなスーツケースを何個も持ってチェックインするというのが通例だと聞いたことがあります。

散々だったローマの空港から、何とか最終便のパレルモ行きに搭乗し、ようやく神話に出てくる天国のような島、シチリアへ飛び立ちました。

パレルモのプンタ・ライジ空港（当時）に到着したのは深夜。一人旅なので、急に不安がよぎり、そこがマフィアで有名だったことを思い出しました。

すぐさま空港からタクシーに乗り、ホテルに向かいました。市内の便利なロケーションということで、旅の直前にインターネットで予約済みです。

モダンな造りの四つ星ホテルということだったのですが、チェックインしてがっかり。窓がとても小さく窒息しそうです。部屋が大きめのジュニアスイートという、ベッドルームですが、金庫、リビングとウナギの寝床のように並び、とにかく使いにくく、いっそ一部屋のほうがましだったと、つくづく後悔する始末。ネットの口コミがあてにならないことを改めて実感しました。やはりいつもの通り『地球の歩き方』でも見ておけば、こんな思いはしなかったはずです。

古い神殿を改造したという、小さな敷地に建てられたこのホテルは今まで泊まったどのホテルよりも居心地悪く、シチリア滞在中の四日間も予約してしまったことが悔やまれます。部屋は広めにとってあるものの、エアコンやトイレの使い勝手がこれほど悪く、清潔感のないホテルは初めてです。

それでも旧市街を歩けば、そこはさすがにイタリア。アラブ・ノルマン様式と呼ばれる歴史的遺構が悠久の時を経て、圧倒的な存在感で眼前に現れます。王宮跡や大聖堂、数々の教会など、ここにも文明の十字路として、古代からの攻防があったことを物語っているのです。

「気軽に一周できる島」なんて考えたら大間違い。本当にびっくりです。また、マッシモ劇場は現在も使われ、五層になった客席3200席を持つ、ヨーロッパで三番目の大きさを誇り、オペラを上演。

映画『ゴッドファーザーPARTⅢ』では、このオペラ劇場の前でソフィア・コッポラ扮するマイケル・コルレオーネの娘が射殺されるあの劇的なシーンが撮影されました。

しかし期待とは違って、パレルモの街は、どこを歩いても車の騒音や人の混雑がひどく、ごみが散乱していて、どうしてもイタリアのイメージと一致しないのです。街中も歩くところがないほど狭い道路がたくさんあって、まるで迷路のよう。特にパレルモの駅周辺は、危険な雰囲気が漂っているように思えました。

楽園はどこに?

島の南部、アグリジェント県には、「神殿の谷」と呼ばれる考古学地域があります。ここは七つの神殿遺跡があり、イタリアの国定史跡になっているだけでなく、ユネスコの世界遺産に登録されています。マグナ・グラエキアの芸術と建築に関する最高傑作だそうで、どんなものか観に行くことにしました。

アグリジェントまでは、パレルモの駅前からバスを一度乗り継いで行きます。所要時間はおよそ一時間四十分。

バスは喧騒に明け暮れるパレルモ市を脱して、打って変わった音のない世界へ私たちをいざないます。何ということでしょう。同じ島でありながらこの違いは……。考えてみれば、シチリアは島といっても、日本の四国よりも大きく、九州よりは小さい、という地中海最大のスケールなのですから、どこもここも同じ、などということはあり得ないわけです。

島の東方には活火山のエトナ山がそびえているし、内陸の村々を訪れれば、見渡す限りの果樹の畑が広がっていて、出来立てのチーズを味わえたり、バロック建築の街では、加工物を一切加えていない伝統を守るチョコレートに出会えたりと、都市や村ごとに全く違った文化を持っているのです。

さて、いよいよギリシャ神殿を歩いて巡ります。ここまで来ると空気が美味しく感じられ、生き返ったようにすがすがしい気分です。とりあえず昼食をと思いレストランに入ったものの、ローマの空港から続く不運のためか、全く食欲がありません。思考停止のまま、チョコレート入りのジェラートを注文してみました。どこへ行っても美味しい料理に当たるイタリアで、主食の前にジェラートを頼むことなどなかったのに。まだ調子が変なのです。

たっぷりのジェラート。食べてみると美味しくてビックリ。滑らかなクリームとチョコレートの香りが口いっぱいに広がり、とろけるようです。妙なことに感動した私はすっかり満足し、元気モードで出発です。

太陽は燦々と降り注ぎ、日差しは強くても、カラッとした地中海性の気候なので、木陰を散策するには快適です。

神殿の谷のシンボルであるコンコルディア神殿に向かいます。道はかなりの上り坂で、道中ずっと神殿の雄姿が見えるため、それを背景にして観光客が写真を撮っていきます。私も何度か人にお願いして写してもらいました。今は私と同様、ほとんどの人がスマートフォンを使っていました。

日本人を見かけない中で、一組だけ日本人のカップルに出会い、二度写してもらいましたが、その写真が他のものよりも素敵に撮れていました。パレルモから来たというこのカップルに「ここは空気が澄んでいて、別の国に来たみたい……」と言うと、「パレルモの汚さは、ナポリどころではないですよ。もうイタリアというより、どこかアフリカの野蛮な地域といった感じだ」と言っていました。

七日間の予定で、ゆっくりシチリアを周遊しているという別の二人連れは、「シチリアのよさは田舎の景色ですよ。台地が広がり、その広大な高地で実り豊かな果実や野菜が作られ、咲き誇る花々が眩しい太陽に照らされている。この島に展開される景観は実に見事なものです」とリピーターだという男性が強調していました。

登り切った丘の上にコンコルディア神殿は建っています。紀元前5世紀に建造されたものとは信じられないほど、石造りの建物の保存状態はよく、原形をとどめているのです。あまりの時間差にめまいがしそうです。

それにしても「神殿の谷」という言葉から巨大なすり鉢状の谷間に存在する印象を抱いていていましたが、全く違いました。

寝殿群は、アグリジェント郊外の屋根上にあり、乾燥した岩肌の大地に建てられています。より天に近く、しかもはるか眼下に、青く輝く海を望む絶景の場所なのです。ここは時空を超えた「地上の楽園」なのでしょう。

遺跡見物が済み、帰路につく前にアグリジェント中央駅付近のホテル街を散策。何と、この辺りはホテルはどこも清潔そうで、ゆったりと落ち着いた雰囲気なのです。せっかくの楽園を見つけたというのに、あのウナギの寝床のような、やたらと長い部屋に帰るのかと思うと気が重くなりました。

結局、最終のバスに乗り、パレルモに戻りました。駅前からタクシーに乗り、ホテルに到着すると同時に、運転手は通常の料金の五倍くらいの金額を要求してきました。日本人で女子、しかも一人で深夜のタクシーに乗ること自体、避けるべきだったのでしょう。今まで、イタリアのタクシーでトラブったことはなかったのですが、やはりここは違っていました。

訪ねた場所は敬意をもって愛すべし

ネガティブな印象ばかりだったパレルモも、慣れるにしたがって、よい面がたくさんあることに気がつきました。第一にパレルモはシチリアの州都であること。州都と名の付く都市で、「見渡す限りの緑。澄んだ空気。静寂」は求めにくい条件です。たとえば、日本を訪れた外国人が、東京と北海道礼文島、あるいは九州の屋久島を比べれば、やはりその違いに驚くでしょう。

パレルモの基礎は、フェニキア人によって築かれたということ。そしてその後、ローマ、イスラム、ノルマン、スペイン、イタリアと変遷を重ねるたびに固有の文化、遺産を残していった歴史から見ても、良港をもって地中海に君臨した特別な場所であったことが分かります。したがってここは古代から、常に活気に満ちた街だったのでしょう。

今も街に出れば、屋台があり、フルーツや食品、菓子類が売られ、市場では新鮮な魚、肉、乳製品、野菜、そしてすごいのは、オリーブ、オレンジ、イチジク、桃、リンゴ、イチゴ、レモン、サクランボなど、季節の果物がツヤツヤ輝いて、あふれるばかりなのです。ここシチリアには地域ごとに個性を持った顔があり、物語があります。

映画や小説、歌劇になった作品は『落陽のパレルモ』『山猫』『ニュー・シネマ・パラダイス』『ゴッドファーザー』『グラン・ブルー』『カオス・シチリア物語』『明日を夢見て』など、数えきれないほどあります。

カオス・シチリアの物語を探しに、再び訪れることを願って……。

コラム

テロの映像に衝撃を受けたあの日

2001年9月11日、夜の10時頃でした。私はスポーツクラブのマッサージルームにいました。マッサージマシンに体を預けて、見るともなくテレビの画面に視線を投げかけていました。やがてニュースが始まりました。飛行機が青空から抜け出して高層ビルに吸い込まれていきました。テレビ画面で見ている限り、飛行機がビルに激突したというより吸い込まれていくという表現がぴったりでした。

まるでテレビゲームを見ているような非現実的な映像でした。一瞬何事が起きたのか私には分かりませんでした。

十年以上にわたって見慣れていたニューヨークの世界貿易センタービルに、連続して飛行機が吸い込まれていきました。吸い込まれると同時にビルは噴煙をあげ、炎が立ちのぼりました。アナウンサーの緊迫した声を聞くまでもなく、これは容易ならぬことが起きたことを知って私は息を飲みました。

私は思わず「あっ！」と声をあげ、マッサージ室を飛び出しましたが、そのまま、がくっと膝を折ってその場にへたりこんでしまいました。茫然自失という感じでした。

飛行機といえば私にとってまさに青春の揺りかごのようなものです。飛行機には私の悲しみも喜びもいっぱい詰まっています。その飛行機が、まるで自ら身を投げるように事故の修羅場に飛び込んでいくのですから信じられない思いでした。

後日、犯人が操縦を訓練していて、ハイジャックした後、自ら操縦してビルに突っ込んでいったということが判明しました。しかし、直後はどうしてこんなことが起きたのか私には信じられない思いでした。

まだ現役で飛んでいる仲間や後輩たちの顔が次々に浮かび、その安否がすごく心配でした。たとえ私の知らない人たちにしろ、乗客と乗務員の尊い命が奪われたことは間違いのない事実です。その事実に思いを馳せると、我が事のように胸が痛みました。

私は、1967年、日本人CAの第二期生としてパン・アメリカン航空に入社しましたが、そのとき、マイアミの訓練所で緊急時の対応に関する訓練も受けました。それから十六年間、緊急事態に出会うことなく仕事を辞めました。私は、幸運と言うべきでしょうか。事故に遭遇しないというのが当然だと思うのですが、友人の一人は「初めての飛行機で事故に遭う人もいるのに、十六年間、一万時間以上も飛んでいるのに事故に遭わない人もいるんですからね……」と、まるで私が悪運が強いみたいな言われ方をしたこともあります。そのとき、本当に自分は幸運だったのだと、改めて感謝した次第です。

終章　食べて・祈って・愛して
—恋とイタリア旅行—

ローマっ子との出会い

　彼と出会ったのはローマからニューヨーク行きのフライトの機内でした。私がホノルルからニューヨークに移って間もなくの１９７０年の初秋でした。旅行のオフシーズンで、機内は半分以上は空席でした。ＣＡの私としては、仕事をするのにまずまずの快適なフライトでした。その飛行機に彼が乗客として乗っていたのです。

　服装のセンスがイマイチのアメリカ人乗客の中で、ただ一人、イタリアンファッションの洗練されたスーツに身を包んだ男性が窓際の席に座っていました。

　サングラスの顔が謎めいて見え、静かな雰囲気を漂わせています。一人きりの時間を大切にしているように見える彼に、キャビンでのサービス中も私は必要以上に話しかけないように気を使っていました。

フライトが後半に差しかかった頃、突然彼は通路を歩いて近づいてきました。

――どんな用事かしら？

私は一瞬緊張しましたが、彼の質問はあっけないものでした。

「ニューヨークに、あとどのくらいで着きますか？」

「約、二時間くらいです」

「ありがとう……」

口もとをかすかにほころばせて小さく手を上げました。

しばらくすると、クルー用のジャンプシートに座っている私のところに彼は再び近づいてきました。そのとき初めてサングラスなしの彼の顔が想像以上に端正なのに驚きました。彼は、今までの孤独だった時間を取り戻そうとでもするように、驚くほど饒舌になっていました。

名前はロレンツォであること、そしてアリタリア航空のオフィスで働いていることなどを次々に話しました。

「ぼくは、パンナムの割引でニューヨーク旅行をするために休暇を取ったんだ」

彼は楽しそうに笑いました。そういえば、当時のパンナムは、すべての航空会社の職員に割引券を提供していました。

「ところで、あなたは東洋のどの国の人？」

「日本人です」

「それは素敵だ。ぼくは、日本には一度も行ったことはないが、ぜひ行きたいと思っているんだ」

「ぜひ、いらしてください……」

外交辞令で私も応じました。二、三、日本に関する常識的な質問に私が答えた後、彼は言いました。

「今度、ローマにフライトしたら、ここに連絡してください。ぼくは生粋のローマっ子なので、隠れた穴場もたくさん知っています。どこでも案内しますよ」

彼は私にイタリアにあるオフィスの連絡先を書いたメモを渡しました。引換えにニューヨークでのデートを誘われそうな危険を感じたので、私は月末にはローマにフライトする予定になっていると言って、とりあえずニューヨークでのデートの誘いに予防線を張りました。仮に、ニューヨークでのデートとなると、私が彼を案内しなければなりません。何となく煩わしい感じがしたので、先送りをしたのです。

「ローマでステイするホテルはテルミニ駅の近くのメトロポールよ」

「知ってるよ」彼はうなずきました。

メトロポールは立地のよいホテルで、イタリア人なら誰でも知っています。ちなみに、当時の日本航空のクルーも同じホテルにステイしていました。

彼に聞かれるままに、ローマのフライトの予定日を伝えました。

「必ず電話をくださいよ」彼は念を押すように私に言って座席に戻っていきました。

それから予定通り、私は9月の末にローマにフライトしました。私は、フライトの前に、ふとロレンツォとの約束を思い出しましたが、彼がその約束を実行する気でいるのかどうか半信半疑というところでした。何しろ、あれから十日も経っているのですから……。

グルメなデートに感激

もし彼にその気があるのなら、〈一度くらいならデートをしてもいいか……〉私の中には漠然とそんな思いもありました。

ところが、メトロポールにチェックインしたばかりの私に、まるで私の行動を監視していたとでもいうように、電話がかかってきたのです。

あまりのタイミングのよさに私は驚きました。そのことを言うと「この日を毎日楽しみにしていましたからね……」と彼は調子よく応じるのでした。彼はさすがに航空会社の社員ですから、私のフライト予定を聞いて、およそのチェックインの時刻を割り出していたのです。

電話での型通りの挨拶の後、彼は「今晩、お食事でもいかがですか?」と、早速私にデートを申し込んできたのです。

断る理由は私にはありません。どうせ私も夕食をとらなければなりません。

「お誘いいただいて嬉しいわ……」

私はOKしました。

一人の夕食なら、何度か足を運んだ手軽なレストランで、ピザかパスタのお決まり料理にしています。彼だってどの程度のサービスをしてくれるか分かりませんが、ローマっ子を自称する彼との食事のほうが一人の夕食よりはましかもしれないと私は考えました。彼との食事にあまり大きな期待を抱いていたわけではありません。

これが大違い、嬉しい誤算でした。彼との初デートのレストランで味わったイタリア料理の味は今でも忘れられません。〈これぞグルメ!〉という料理でした。

それほど大食漢とは思えないスマートな彼なのに、メニューを手にとって次々に注文します。とてもそんなに食べ切れるものではありません。私ははらはらしながら見守るばかりです。

〈とても食べ切れない。もったいない〉とはたから私が口を出すのも変な話です。彼に任せるしかありません。

アンティパストに生ハムとメロン、新鮮なサラダ、やっと食べ終わる間もなくスパゲティ、リゾット、スープなどが運ばれてきます。いずれも今まで食べたイタリア料理の中でも最高の味でした。美味しいものだからついつい食べてしまいます。次に運ばれてきたのが肉料理に魚料理でした。

「とても食べきれないわ……」

私は小さく首を振りました。彼は、世間話をしながら次々に平らげていきます。

「イタリアのレストランではセコンド・ピアット（二皿目）を注文するのが習慣なんだよ。次回からはプリモ・ピアット（一皿目）のパスタ類を注文しなければいいよ」

彼はアドバイスしてくれました。

デザートはそのレストランの名物だというティラミスとパンナコッタでした。

１９７０年代初頭、まだ日本人にイタリア料理のブームは到来していない時期でした。その夜のデートで、私はイタリア料理の素晴らしさに感動を覚えました。

私がイタリアを第二の故国と思うほどにファンになったのは、ローマっ子のロレンツォとの初デートで食べたフルコースの味の素晴らしさが原因の一つと言っていいかもしれません。人気のハリウッド映画で、ジュリア・ロバーツ主演の『Eat Pray Love』（食べて、祈って、恋をして）の中に、主人公のジュリアがスパゲッティを食べてあまりの美味しさに涙ぐむというシーンがあります。その映画を観たとき、私は四十年前のあのときの味を思い出してしばし懐かしさにひたりました。

映画の中の主人公のように、アメリカ人女性だったら、本当のイタリア料理の味にふれたら感動はひとしおということが理解できます。何しろ、アメリカはファストフードのお国柄なのですから……。

実際、近年になってアメリカに出かけ、ロスのレストランで注文したピザはひどい味でした。ハムやソーセージは、フローズンで、生地が硬く、歯が立たないような代物で、私は一口食べて〈しまった！〉と思いました。昔、イタリア人の友人から「アメリカでは絶対ピザは注文してはいけないよ」と忠告を受けていたことを思い出したのです。

現在、日本には美味しいイタリア料理店がたくさんありますが、これは日本人シェフは本場イタリアで修行してきた人が多いからだといわれています。アメリカでは、おそらくニューヨーク辺りの高級店にでも行かなければ美味しいイタリア料理にはありつけないのかもしれません。

ロレンツォは、イタリア人の中でもかなりの食通で、私に注文してくれた魚料理は、レモンとスパイスが適度に効いていて、相当に満腹していても、別腹で美味しく食べることができました。

ウエイターは、赤と白のワインをタイミングよく注いでくれます。また、サラダを食べる直前にドレッシングをミックスしてくれます。常に新鮮なものを食べさせたいというお店の配慮にも感動しました。

ロレンツォはスリムな体型なのによく食べます。彼だけではなく、レストランに来ているイタリア人もよく食べるのに驚かされます。私にしても、デートなんて気取って、緊張して、そんなにぱくぱく食べられるものではないと思っていたのに、彼との初デートでは、よく食べました。

イタリア人は、彼だけではなく、食に対しての思い入れは格別のものがあるようです。食べるということは生きることそのものという感じがします。イタリア人はよく、「食べて、歌って、愛して」という言い方をしますが、食べることは愛することとイコールなのです。よりよく生きるために食べ、よりよく愛するために食べるというわけです。

何しろ遠い昔なので、ロレンツォに案内されたレストランの名前も記憶が定かではないのですが、ステイ先のホテルからかなりの距離をドライブしたような気がします。その夜のグルメな初デートから、彼とは以後一年半のお付き合いが始まったのです。

イタリアのロマンス旅行

ロレンツォは私と出会ったときは三十二歳でした。私は二十八歳で、彼は私より四歳年長でした。お互いに年齢を打ち明けたとき、ほとんど同時に「あなたはずっと若く見える！」と驚きを口に出したものでした。確かに彼は相当なおしゃれで、スリムなせいか三十歳前にしか見えませんでした。私はまた、ＣＡの中でも小柄で、東洋人特有の子供めいた顔立ちのためか、いつも三、四歳は若く見られていました。

それから何度目かのデートのとき、彼はショックな告白をしました。

「実はね、ぼくは離婚しており、子供が一人いるんだ。男の子でぼくが育てているんだ」

「驚いたわ……」

私はそれだけしか言いませんでしたが、自分の顔色が少し変わったことを感じました。私は、離婚しているという言葉にはそれほどショックはありませんでしたが、子供がいるということで、ちょっぴり夢が壊れました。大真面目に、何が何でも結婚と考えていたわけではありませんが、結婚を考えさせられる年齢に達している私は、好きになった男性を結婚対象として考えるのは当然です。しかし自分の産んだ子供でない『他人の子供』を育てる自信は、私にはありませんでした。

それにしても、当時はカトリックの国の離婚は珍しい時代で、本当に離婚をしているのかしら?と、いぶかしい気持ちもないではありませんでした。

「ずいぶんきみを驚かせたようだが、こんなぼくでもよければ、二人で休暇を過ごしたいんだ。承知してもらえるだろうか?」

「子供はどうするの?」

思わず意地の悪い言葉が飛び出してしまいます。彼は、一瞬顔を歪めました。

「そんなことは、きみは心配することはない。しかるべき人に預けていくさ」

子持ちであることが分かってから、彼への思いにかすかに陰りができた感じはしますが、何度かのデートを重ねている間に、私にしても、彼との付き合いが生きがいになっていたのも事実です。

パンナムに入社して三年間、ボーイフレンドと言える相手は、まだ現れてはいませんでした。長い休暇の折には、東京へ里帰りをするか、旅行といえば両親や姉たちを誘って出かけていました。東京ベースのスタッフから「文子は親孝行ね……」と感心されていました。私は、好き好んで親孝行をしていたわけではなく、ボーイフレンドがいないのだからやむにやまれず親孝行をしていたわけで、内心は〈本当に私って男運はないのだわ！〉と我が身の不運を嘆いていたのです。

やっとボーイフレンドができたと思ったら、彼は子持ちですから、やはり男にツイていないのかもしれません。しかし、私だって何が何でも結婚しなければと、かたくなに考えていたわけではなかったので、失望はしたけれど、すぐに別れなければならないというほど深刻に思い詰めていたわけでもありません。

それに、彼の案内でイタリアの穴場を巡り、グルメを堪能する旅は、想像しただけで魅力的でした。

彼は性格的には優しい人柄で、とても母国のイタリアを愛していました。デートのたびに魅力的なレストランや名所を案内してくれ、私が感激するのを自分のことのように喜んでいました。

「イタリアには土地土地の郷土料理があって、どれもが美味しくそれぞれ見所がいっぱいあるんだよ……」

私が感動するたびに、彼は得意になってイタリアのよさを自慢するのでした。

「休暇が一緒に過ごせたら、もっといろいろなところを見せたい……」

真剣な表情で、少し熱っぽく言って私を見つめるのでした。

「本当に楽しみだわ……」私も、彼の目を見つめてうなずきました。

私の偽らざる心境でした。私は休暇を彼と過ごすことを承諾しました。

旅は1971年の5月の半ばでした。

彼は、ニューヨークから到着する私をフィウミチーノ空港まで迎えに出てくれました。彼の愛車アルファロメオは念入りに磨かれ、晩春の陽光に輝いていました。

彼は私のスーツケースを車のトランクにかいがいしく詰め込み、ドアを開け、私を愛車に乗せると運転席に戻りました。いよいよ旅の始まりです。

車は、北へ進路を取って、賑やかな街路から郊外へと走っていきました。

二週間という長い間、一つの国内を旅するなんて私には初めての経験でした。それに、車での旅も初めてです。

彼は慎重な運転をしながら、私を楽しませるために、話題を次々に変えておしゃべりをします。

私にとってロレンツォは、もちろん初恋の相手ではないけれど、恋愛と呼べるような恋人としては初めての人でした。彼は誠実で信頼できる相手でした。

私がローマにフライトのないときは、彼は航空会社の社員という特権を活用して、ベイルートやパリにまで、わざわざ会いに来てくれました。

「あんな素敵な人がわざわざ会いに来てくれるなんて、あなたラッキーな人ね……」

空港のロビーで私を待っている彼を見て、同僚のCAからずいぶんと羨ましがられたものです。

恋はマメでなければならないという鉄則を実践している彼のことですから、旅行プランもきちんと立てていました。彼が選んだ場所はどこも意外性と新鮮さに満ちており、私を大いに感激させてくれました。そんな私を見て彼は嬉しそうに微笑んでいました。

二週間というドライブ旅行は後にも先にもこれが最初であり最後でした。どの国も5月というシーズンは旅行には最高です。あの頃のイタリアは沿道には花が咲き乱れていました。まるで花のじゅうたんを左右に見ながらのドライブでした。また、道の両側に広がる一面の葡萄畑も絶景でした。

ドライブの旅は、ローマからペルージャ、フィレンツェ、ピサ、ボローニャ、ヴェローナ、そしてヴェネツィアと続きました。ペルージャには宿泊しませんでしたが、わざわざ彼は車を停めて案内してくれました。

「ペルージャは、世界中から学生が集まってくる街だから観ておくといいよ」

彼は言いました。ペルージャは、私には初めての街でした。

「素敵な街並みね……」私はうっとりと言いました。

「紀元前から2世紀頃にかけて栄えたエトルリア時代の古都だよ」

彼は説明してくれました。まさに古都と呼ぶにふさわしい古色蒼然たる街並みです。まるで中世の都市に迷い込んだような錯覚を覚える建物が並んでいました。

余談になりますが、実は二年ほど前に、四十数年目にして、ペルージャを訪れましたが、不思議なことにあのときの感激はよみがえりませんでした。あのときは、恋のさなかで、見るもの聞くものすべて感激の対象だったということもありますが、再度私が訪れたのは真夏で、暑さと観光客の群れに圧倒されたというのが正直な感想かもしれません。街はあの日のままに古色蒼然としていたのですが……。

あのときのドライブ旅行で一番感動したのはヴェネツィアでした。

ロレンツォは、イタリア人らしい大らかさを身に付けていて、のんびりしたところがあります。どちらかといえばせっかちなところがある私と対照的で、それで逆にウマが合ったのかもしれません。

彼は、同じホテルに二泊以上、続けて泊まるのが好みでした。確かに一泊ではやっとホテルになじんだと思うと出立しなければなりません。二泊以上すれば、観光もある程度落ち着いてプランが立てられます。ヴェネツィアでは四泊もしました。ホテルはサンタ・ルチア駅近くで、運河沿いの落ち着いた場所にありました。

特にヴェネツィアの場合は、一泊、二泊では中途半端な観光になってしまいます。ヴェネツィアは、何百年も前から観光地で、市内は見所がいっぱいです。一泊、二泊では隅から隅までの十分に満足すべき観光はできません。

彼は、海と運河に囲まれた迷路のような市街の隅々まで、キメの細かな案内をしてくれました。

私が印象深かったのは、ヴェネチアン・グラスで有名なムラーノ島の観光でした。水上タクシーで乗りつけたその島は、中央に運河が走り、教会やガラス工房のビルが水の流れに影を落としています。運河には何艘もの小舟が観光客を乗せて行き来しています。

私たちはガラス工房でガラス細工の出来上がる工程を見学しました。ムラーノ島の製品はほとんどがフリースタイルの手作りです。色彩は変化に富んでおり、模様も独特です。ちなみに、私がそのとき工房で買ったヴェネチアン・グラスの花瓶は、とうに恋は壊れたのに、壊れもせずに、四十年の歳月を越えてなお、あの日の輝きを失わずに季節の花をそっと抱き取っています。

その花瓶は、ローマ、ニューヨーク、サンフランシスコ、東京と、私の青春の歩みとともに運ばれてきた私の宝物です。青春も思い出も色あせたのに、ヴェネチアン・グラスだけは、いささかも色あせずに私の書斎で息づいています。

変なエピソードですが、このムラーノ島は彼と初めて喧嘩した場所でもあります。今になってみると、彼のジェラシーによる他愛のない痴話喧嘩ですが、確かに私も軽率であったことは認めます。

当時のイタリアの田舎では、東洋人の女性は珍しく、どこに行っても遠慮のない視線にさらされます。その視線に対して私が微笑み返したというのが喧嘩の発端です。アングロサクソン系のアメリカ人は、目と目を合わせたら微笑み合うというのが習慣です。私もパンナムのＣＡの訓練所で「スマイル、スマイル、いつでもスマイルを忘れてはなりません」と散々にたたき込まれているものですから、目と目が合えば、思わず微笑みを浮かべるというのは、私にとって、一つの職業的習慣でもあったわけです。

ところが、それが彼にはカチンときたのです。まだ古い体質の残っていた四十年前のイタリアでは、女性は見知らぬ男性に微笑むのは媚《こび》を売る態度と言われていました。特に恋人と旅をする女性の取るべき態度ではないと彼は怒ったのです。

私は素直に謝りました。そして「スマイル」の習慣について弁解しました。

私の弁解に彼はすぐに納得しました。結局和解をしたのですが、温厚で優しさを失わない彼が私に見せた最初にして最後の怒りの顔でした。

「怒ったりしてごめん……。どうだい、気分直しにゴンドラに乗ろうか……」

怒られてシュンとしている私を慰めようとでもするように彼は提案しました。

このときのゴンドラの楽しさも格別でした。運河沿いに立ち並ぶ格調高い教会の建物やガラス工房、工芸博物館などをゴンドラの中から見上げて走ります。丸く湾曲した石の橋をくぐり抜けて走るのも爽快でした。

いよいよ、旅の終わり、ロレンツォの運転するアルファロメオは、再びローマに向かって疾走しました。二人は名残り惜しい気持ちを持て余していましたが、明日からそれぞれの暮らしが待っています。せめて、一時間でも二時間でも……、もう少し一緒にいたい。そんな気持ちを引きずって、ロレンツォはもう一ヵ所の観光地に車を回しました。それがカステル・ガンドルフォでした。ローマ法王の別荘地で、アルバーノ湖ほとりでした。5月の新緑が湖面に影を落として、とてもロマンチックな光景でした。旅の終わりに心にしみる風景をプレゼントしてくれた彼もなかなかの人だと思います。

旅は私たちの心を以前に増して近づけてくれました。私がローマにフライトするたびに彼と楽しいひとときを過ごしました。まさに、私たちは「食べて・笑って・恋して」いる二人でしたが、数ヵ月経ったある日、迎えに来たロレンツォの愛車、アルファロメオに幼い子供が乗っているのです。女の子のように可愛い青い目の男の子でした。ロレンツォの子供に違いありません。その子は私の顔を見るなり火がついたように泣き出したのです。私たちはすっかり白けてしまいました。

「こんなぼくとは結婚する気にはならないだろうね……」

彼は独り言のように呟きました。

なぜか私には深い悲しみが泉のように心の底に湧き出してくるのです。それなのに涙は流れませんでした。

いつの間にか私たちの関係は一年半以上になっていました。考えてみると、デートもマンネリ化してきたかもしれません。私がローマに来るたびにいろいろな場所に案内して、グルメな場所を探すのも疲れてきたのかもしれません。自分から別れようとは切り出しにくく、子供を連れてきて暗に私にプレッシャーをかけたのかもしれません。

たとえ子供がいなくても、果たして私はイタリア人と結婚できただろうかと考えると、それも心もとない感じでした。

〈このまま、この関係を続けていてもお互いのためにならないかもしれない……。今なら懐かしい思い出も残しておける……〉

そのとき私が瞬時に考えたことでした。

私は車には乗り込まず、半開きのドアから彼に握手を求めました。彼の目を思いを込めて見つめ、固く手を握りました。

彼と会ったのはそれが最後でした。

あとがき

最初にイタリアに興味を持ったのは、新橋の駅前にあった英会話教室に通っていた十代の頃でした。

講師のＪ・Ｂ・ハリス先生が授業の合間に、戻ったばかりのイタリアの魅力を満面の笑みを浮かべて、「地中海の陽光と名所旧跡に恵まれているイタリアは、古代ローマ帝国時代からの文化遺産がそのまま残っていて、チョコレート色に輝くローマの街は遺跡がいっぱいでとにかく、素晴らしかった」と、そこに住む人たちのエピソードとともに語ってくれたのでした。確かローマオリンピックの年だったと思います。

初めてイタリアに行ったのは、ハリス先生のお話を聞いてからほぼ十年後。パンアメリカン航空に入社後最初の休暇で、姉と二人で約一ヵ月かけて世界旅行をした時でした。噴水、彫刻、バロック風の見事な建物。まるで街全体が遺跡で埋め尽くされているような永遠の都にすっかり魅了されてしまいました。

サンフランシスコで出会った映画監督ポール・キリアジと結婚し、娘が誕生して数年後に日本に移住しました。運転が苦手な私のために、「アメリカでは運転ができないと何もできないから」と再三ドライブのレッスンをしてくれたのはいい思い出です。功を奏せず、運転はあきらめることになったのですが……。

数十年の間、毎年一回、ポールの家族が数週間泊り掛けで来日するのに合わせ、イタリア各地を旅することが恒例になりました。

結婚後も変わらずイタリア行きを薦めてくれた夫のお陰で、私のイタリア紀行は半世紀以上にもなったのです。

一人旅でもいつでもどこでも大歓迎してくれる世界一の観光立国イタリア。何度か盗難にあったりしても懲りずに訪れたイタリアですが、2018年の夏、フィレンツェで一か月、イタリア語の学校に留学したのが最後となりました。

この本の出版に際し、編集をはじめその他の一切の労をとってくださった幻冬舎の浅井麻紀さんに、心よりお礼申し上げます。

〈著者紹介〉
高橋文子（たかはし ふみこ）
中央大学法学部卒業後、パンアメリカン航空に入社。アメリカに在住して国際線の客室乗務員を続ける。1974年にコロンビア大学大学院修士課程を修了する。16年間世界の空を飛び続けて、1985年にパンナムを退社。日本に帰国後は旅行雑誌や新聞などに取材記事を連載。著書に『スチュワーデス・ダイアリー』（評論社）、『消滅―空の帝国パンナムの興亡』（講談社）、『旅する翼』（ダイヤモンド社）、『旅行英会話が3時間で身につく本』（中経出版）などがある。

ときめくイタリア紀行《きこう》

—食《た》べて、旅《たび》して、恋《こい》をして—

2024年9月5日　第1刷発行

著　者　　高橋文子
発行人　　久保田貴幸

発行元　　株式会社 幻冬舎メディアコンサルティング
〒151-0051　東京都渋谷区千駄ヶ谷4-9-7
電話　03-5411-6440（編集）

発売元　　株式会社 幻冬舎
〒151-0051　東京都渋谷区千駄ヶ谷4-9-7
電話　03-5411-6222（営業）

印刷・製本　中央精版印刷株式会社
装　丁　　弓田和則

検印廃止

Printed in Japan
ISBN 978-4-344-69167-4 C0095
幻冬舎メディアコンサルティングＨＰ
https://www.gentosha-mc.com/